Einswerden mit Spirit

Mikel Lizarralde

Einswerden mit Spirit

Vergiss alles, was du über Medialität zu wissen meinst, und werde selbst Medium

Allinti

Das vorliegende Buch ist sorgfältig erarbeitet worden. Dennoch erfolgen alle Angaben ohne Gewähr. Weder Autor noch Verlag können für eventuelle Nachteile oder Schäden, die aus den im Buch gemachten praktischen Hinweisen resultieren, eine Haftung übernehmen.

FSC
www.fsc.org
MIX
Papier aus verantwortungsvollen Quellen
FSC® C014496

Umschlaggestaltung, Illustrationen, Satz und Innengestaltung:
Guter Punkt, München
Umschlagmotiv: © ayvengo / iStock
Ornamente und Symbole:
© Aaltazar / iStock, © usetrick / iStock,
© Viktoriia Ablohina / iStock, © calvindexter / iStock
Druck und Bindung: GGP Media GmbH, Pößneck
ISBN 978-3-905836-31-8

www.allinti.ch

Inhalt

Einführung

Die Geistige Welt und ihr Organ – von mir *Spirit* genannt – zu verstehen stellt uns Menschen vor gewisse Herausforderungen. Doch es bietet auch großartige Chancen: sowohl für jeden und jede von uns wie für die Menschheit als Ganzes.

Für mich selbst geht es darum, dass ich das, was ich dazu sage und schreibe, auch selbst lebe. Die Geistige Welt hat mir aufgetragen: Was du verbreitest, musst du beweisen. Und du wirst auf die Probe gestellt!

Nehmen wir ein Beispiel: Gestern erst besuchte ich ein Bestattungsinstitut. Eine Person, die mir immer noch sehr am Herzen liegt, war verstorben. Im Alter von nur 20 Jahren! Es mag zunächst merkwürdig erscheinen, aber zur exakten Stunde, da es geschah, sah ich sie ganz deutlich vor meinem inneren Auge. Sie winkte mir zu, und ich begriff, dass sie sich verabschieden wollte. Viele Menschen haben solche Erlebnisse. Und immer tut es weh. Für mich selbst ergibt sich von daher eine wiederholte Verpflichtung.

Durch meine besonderen Schulungen und viele Jahre des Übens und Praktizierens bin ich in der Lage, den Kontakt mit Spirit bewusst herzustellen und – was besonders wichtig ist – mein Bewusstsein auch auf dieser speziellen Ebene zu halten. Somit kann ich zum Mittler werden zwischen der Geistigen Welt und den Angehörigen der Verstorbenen. Ich werde um Rat und Hilfe gefragt, damit die Hingeschiedenen in Frieden auf die andere Seite gehen können. Das ist jedes Mal eine Herausforderung für mich, auch nach so vielen Jahren der Erfahrung.

Etwas in dieser Art kann und wird auch dir geschehen, wenn du dich ernsthaft mit der Medialität beschäftigst. Das Leben selbst wird dich testen, ob du die Gaben der Geistigen Welt auch wirklich begreifst und anzuwenden verstehst. Denn auch diese Gaben sind etwas zutiefst Lebendiges.

Die Befähigung zur Medialität ist in uns allen gegeben. Nur muss sie sich entfalten und heranwachsen – so, wie auch das Leben selbst sich entfaltet, indem es durch uns und in uns heranwächst: stets in vielen kleinen und manchmal in großen Schritten. Das bedeutet, auch deine Gabe der Medialität wächst mit Übung und Erfahrung zur aktiven Fähigkeit heran. Es ist wie beim Erlernen einer Sprache, denn Medialität IST eine Sprache: Du vernimmst Botschaften, versuchst sie zu verstehen, wirst übend selbst zur oder zum Sprechenden – und schließlich beherrschst du die Sprache so, wie es sein soll.

May, 2022

TEIL 1

Eine erste Begegnung

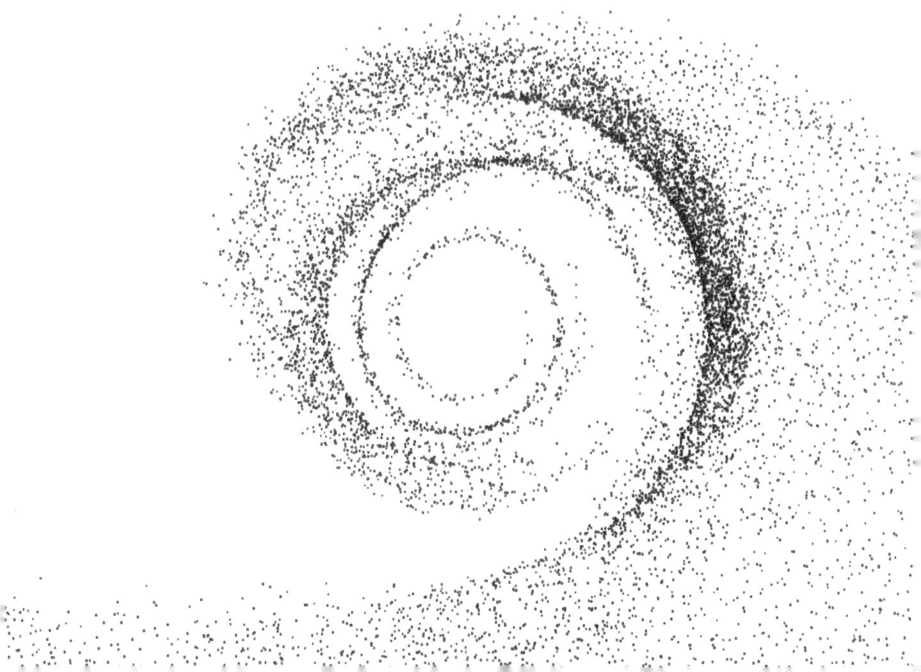

Die Geistige Welt spricht immer so zu dir, wie du selbst auch sprichst

Die Geistige Welt kann mit uns immer nur auf unserer gegenwärtigen Verständnisebene kommunizieren. Unsere spirituellen Gewohnheiten entscheiden, welche Ebene das ist.

– ANTHON ST. MAARTEN –

Spirit wird immer so mit dir kommunizieren, wie du es auch verstehen kannst. Anders geht es nicht. Die Geistige Welt wird *immer* dein ganz persönliches, individuelles Verstehen adressieren. Im Sinne des obigen Zitats ist es somit entscheidend, wie *du selbst* auf die Geistige Welt blickst. Schaust du auf sie mit freudiger Erwartung auf wichtige Erkenntnisse? Oder, anders herum, mit falschen Glaubenssätzen? Alles, was zu dir gehört, ist auch das, was du anziehst. Folglich ist es unverzichtbar, dass du einen Blick auf dich selbst wirfst, um dich vorzubereiten. Vor der Geistigen Welt fallen alle Masken, das liegt in der Natur der Dinge. Spirit spricht:

Sei still! Schau nach innen! Geh in den inneren, stillen Teil deiner selbst!

Wenn du so handelst, wird dein Lohn groß sein. Du wirst Zusammenhänge erkennen, die dir sonst verschlossen bleiben. Du wirst Erkenntnisse gewinnen, die dein Leben und das anderer Menschen verbessern und heilen können.

Die Botschaften, die du empfangen wirst, sind von ganz anderer Natur als unser irdisches Leben, das von Gegensätzen und Problemen geprägt ist. Somit bergen Botschaften aus der Geistigen Welt immer auch etwas, das noch entschlüsselt werden muss. Unsere Sprache nennt es »Symbol«: ein Bild, ein Wort, ein Eindruck – irgendetwas, das du aus dem Effeff kennst, das dir deshalb vielleicht als ausgesprochen gewöhnlich erscheint. Jetzt aber steht es für etwas sehr Spezielles. Von daher deine Herausforderung: Wie filterst du die darin enthaltene Botschaft heraus? Hier kommt unsere vielleicht bedeutendste menschliche Gabe ins Spiel: unsere Intuition. Ein großer Teil dieses Buches wird sich deshalb auf die folgenden Fragen konzentrieren:

- Wie interpretiere ich Symbole? Welche Rolle spielt die Intuition dabei? Wie unterscheide ich Intuition und Projektion?

- Mit anderen Worten: Wie unterscheide ich das, was von mir selbst kommt, von dem, was die Geistige Welt mir mitteilen will?

Ein Wort zu Spirit, Geist und Seele

Ein Medium zu sein ist nichts, was man einfach mal so nebenbei erledigt. Als Medium bist du immer nur so, wie du wirklich und wahrhaftig bist! So ist auch das, was ich dir beibringen kann, etwas, was ich selbst jeden Tag lebe. Und es kann natürlich hier und da auch etwas anders sein als das, was andere Medien denken und wie sie konkret arbeiten. Oder aber sie benutzen dieselben Begriffe, meinen damit aber etwas anderes als ich hier. Unsere menschliche Sprache hängt an unseren Gedanken, und unser Gehirn ist einfach nicht in der Lage, die Tragweite und Tiefe dessen, was in der Geistigen Welt geschieht, auch nur annähernd wiederzugeben. Wie oft bedeutet doch schon im täglichen Leben ein und dasselbe Wort für verschiedene Menschen etwas gänzlich Verschiedenes! Oder zwei unterschiedliche Begriffe besagen im Grunde doch ein und dasselbe. Ein besonders schönes Beispiel im Deutschen ist das Wort »Hellsichtigkeit«. Wovon noch die Rede sein wird.

Der Oberbegriff ist für mich selbst »Geistige Welt« (großgeschrieben). Er bezeichnet auch alles, was oft mit »Übersinnlichkeit« bezeichnet wird – eine Wortprägung, die ebenfalls zu Missverständnissen führen kann. Mit »Spirit« meine ich, wie im Neuhochdeutschen inzwischen mehr oder weniger üblich, jene aktive Seite der Geistigen Welt, die durch einen »Sender« zu uns spricht. Womit wir bei jener Art von Kommunikation wären, wie sie uns Medien besonders interessiert: der Verbindung zu einem Wesen, das die Erde verlassen hat und das nun als geistiges Wesen zu uns spricht.

Du kannst also sagen: »das geistige Wesen, das meine Mutter ist«, oder »das geistige Wesen oder der Geist meines Vaters«. Oder, im traditionellen Sinn: »meine Mutter oder mein Vater, die jetzt im Himmel sind«.

Wenn ich von »Seele« spreche, dann meine ich den unsterblichen und immerwährenden Teil des Geistes und damit auch unseren eigentlichen Kern, unser innerstes Selbst, unser wahres Ich. Poetisch ausgedrückt: die »ewige Flamme«, den »Motor der Geistigen Welt« – also jenen Teil von uns, der über alle Zeitalter hinweg durch verschiedene Inkarnationen geht, um im Diesseits *und* Jenseits unterschiedliche Erfahrungen zu machen und deren Essenz in sich aufzunehmen.

Wie erkenne ich ein Medium?

Das ist im Grunde sehr einfach: indem es mir unzweifelhafte Beweise für die Kommunikation mit Spirit erbringt. Wenn also jemand sagt: »Ich sehe vor meinem inneren Auge jemand, der dich sehr liebt«, oder: »Ich sehe ein Wesen in vorgerücktem Lebensalter, das einen Bart trug«, dann ist das von sich aus noch kein Beweis. Ein echtes Medium muss eine schlüssige Antwort auf zwei wichtige Fragen erbringen:

- Wer ist das kontaktierte Wesen in der Geistigen Welt?
- Woran kann der Adressat der Botschaft dieses Wesen erkennen und anerkennen?

Erst dann sprechen wir meiner Ansicht nach von medialer Kommunikation oder Spirit-Kommunikation.

Manchmal ist die Nachricht schlicht und einfach auch, dass ein geistiges Wesen für dich da ist, dass es bei dir ist, dass es über dich wacht. Was uns zu einem weiteren wichtigen Punkt bringt: Wenn wir von echter Medialität sprechen, ist die Nachricht immer positiv. Sie will aufbauend sein. Sie will Licht in dein Leben bringen. Was dunkle Gedanken und Gefühle bringt, was dich hinabzieht, ist keine genuin spirituelle Nachricht. Sondern nur etwas, das im Gehirn passiert – eine Projektion, vielleicht sogar eine reine Fantasie.

Unser begrifflicher Kompass: Was wir mit welchem Wort meinen

Immer wenn es um Medialität geht, kann es zu Missverständnissen kommen. Das liegt nicht nur an gängigen Vorurteilen, sondern sehr oft auch daran, dass ein und dasselbe Wort mit unpassenden oder unterschiedlichen Inhalten in Verbindung gebracht wird. Nicht zuletzt sind dafür auch die Medien selbst verantwortlich – allerdings auch ohne ihre eigene Schuld. Ein kluger Mann hat einmal gesagt: Es gibt so viele Arten von Medialität, wie es Medien gibt. Auch ich selbst praktiziere mein eigenes System, wenn auch in bewusster Anlehnung an bewährte und überlieferte Methoden. Um Missverständnisse zu vermeiden, im Folgenden deshalb einige wichtige Klarstellungen dazu, was genau ich mit welchem Begriff meine.

Erdung
Damit meine ich, dass wir uns innerlich mit unseren Wurzeln im menschlichen Dasein verbinden – in Gedanken, Gefühlen, möglichst in unserem ganzen Sein.

Meditation
In der Meditation geht es darum, den Verstand zu beruhigen und ihn zu lehren, sich selbst – als rationalen Teil unseres Gehirns – gleichsam zur Seite zu schieben. Damit kommen wir dem Zustand der Trance schon sehr nahe.

Trance

In Trance erlaubt uns die Geistige Welt, ihr nahe zu kommen, ja, sie in uns einzulassen – etwa, indem sie unsere Stimmbänder, unsere Zunge, unsere Hände für ihre Nachrichten benutzt.

Merke!

- Im Zustand der Trance, wie sie in diesem Kurs gelehrt wird, bleiben wir voll bewusst. Wir wissen zu jedem Zeitpunkt ganz genau, was gerade passiert.
- Um es ganz deutlich zu sagen: Wir sind nicht »besetzt«. Keiner ist besetzt!
- Wir sind zu jedem Zeitpunkt absolut in Kontrolle.

Channeling

Hier ist es so, dass uns das geistige Wesen sehr nahe kommt und uns Worte diktiert. Es kann im Medium auch Emotionen und/oder körperliche Empfindungen hervorrufen, die dieses dann weitergibt.

Chakren

Eines der bekanntesten Symbolsysteme mit unterschiedlichen Ausprägungen. Für uns spielt es keine Rolle, ob es sieben, neun oder zwölf Chakren gibt. Es geht darum, gewisse Energiepunkte im menschlichen Körper zu benutzen, die für Medialität wichtig sein können.

Clairs

Damit meine ich unsere eigentlichen medialen Fähigkeiten. Sie stehen meiner Ansicht nach mit ***allen*** unseren körperlichen Sinnesorganen in Verbindung. Insofern lehne ich mich mit meiner Terminologie an das französische *clair* (klar) an und spreche von *Clairs*, um herauszustellen, dass es uns Medien letztlich um Klarheit der Wahrnehmung geht und nicht um die Bevorzugung des (inneren) Sehens.

Ich benutze das Wort *Clair* gern auch gegenüber meinen Schülerinnen und Schülern in Deutschland, Österreich und der Schweiz, weil es deren gewohnten muttersprachlichen Begriff »Hellsehen« präzisieren hilft. Nun will ich keineswegs in deinen gewohnten Sprachgebrauch eingreifen. Im Gegenteil. Wir sollten alle bei unseren bewährten Gewohnheiten bleiben. Nur ist eben auch wichtig, uns nicht rein von der Gewohnheit begrenzen zu lassen. Und wo gälte das mehr als bei der Entfaltung unserer medialen Fähigkeiten?

Bleib also, wenn du willst, ruhig bei deiner gewohnten Begrifflichkeit. Wir sagen ja auch nach wie vor »Telefon«, oder? Dabei ist es mittlerweile selbstverständlich, dass es nicht nur um ein Medium für die Übermittlung von Nachrichten für unsere Ohren geht. Lass dich überraschen, wie es ums »Hellsehen« steht, wenn wir alles zulassen, was in unseren Talenten steht.

Mit der Geistigen Welt zu üben ist immer und überall möglich. Sie ist ja immer bei uns. Also übe beim Autofahren. Übe im Supermarkt. Oder wenn du beim Zahnarzt bist. Und unterziehe deine Verbindung einem Test – wieder und wieder!

Nun schau, dass es Spaß macht! Und scheue die Arbeit nicht!

Tipp

Tagebücher sind immer sehr hilfreich, wenn es darum geht, etwas Neues zu erlernen. Aufzuschreiben, womit man sich gerade beschäftigt, klärt allein schon manche Frage, die noch bleibt. Und seine Aufzeichnungen später wieder durchzulesen stützt das Gedächtnis, um das Erlernte auch wirklich zu behalten. Oder später wieder darauf zurückzukommen und es voll und ganz zu verstehen. Mir selbst hat das Tagebuchschreiben in den Jahren meiner Ausbildung zum Medium viel geholfen. Ich empfehle es ausdrücklich auch dir. Auch, weil es nicht nur den mentalen Lernprozess unterstützt, sondern zusätzlich hilft, eine emotionale Beziehung zur Geistigen Welt aufzubauen. Du kannst da auch sehr zeitgemäß vorgehen, wenn du willst: Etwas ganz nebenbei ins Smartphone zu tippen ist eine sehr elegante Methode, um auch spontane Gedanken festzuhalten, die sonst leichter in Vergessenheit geraten, als man zunächst für möglich hält.

In dieses »Buch« gehört zweierlei: erstens deine Träume und zweitens eine Begriffsliste.

Ersteres dürfte kein Problem sein, wenn du nachhaltig bei der Sache bleibst, denn es bereichert die Selbsterkenntnis ungemein, selbst ohne Ambitionen auf vollständige Entwicklung deiner medialen Talente. Die Erinnerung an unsere Träume kann sehr gut trainiert werden. Sie entwickelt sich ganz von allein, wenn man dranbleibt. Auch du wirst deinen eigenen Weg finden können. Wobei es immer am besten ist, die Aufschreibung – zumindest am Anfang – möglichst direkt nach dem Aufwachen zu machen.

Bei der Begriffsliste geht es darum, dass du deine ganz persönliche intuitive Sprache entwickelst. Schritt für Schritt. Und sobald du die ersten Schritte gegangen bist, wird dir sehr klar geworden sein: Die Geistige Welt redet mit dir auf eine sehr persönliche, ja intime Art und Weise. In einer »Sprache«, die nur für dich bestimmt ist, weil nur du selbst sie entschlüsseln kannst. Und sehr oft erscheint uns die wunderbare Vielfalt und Tiefe der Geistigen Welt in einem Traum. Schon die ältesten Schriften der Menschheit zeigen, dass Träume eine allgemeingültige Art und Weise sind, wie sich Spirit in unserer Welt kundgibt.

Es ist die Sprache der Symbole, um die es hier geht. Und es geht darum, dass das, was gezeigt wird, *nur für dich* eine Bedeutung hat.

Entnimm also den Beschreibungen deiner Träume stichwortartig die hervorstechenden Symbole. Das können auch Dinge sein, die zunächst als nebensächlich erscheinen, die sich aber wiederholen. So erschaffst du dir einen eigenen Raum, um der Geistigen Welt auf deine persönliche, einzigartige Art und Weise zu begegnen. Auch hier gibt es eine einfache Regel:

> → Wenn ein Symbol, ein Begriff oder gar eine ganze Vision sich mindestens drei Mal wiederholt, dann weißt du, dass es etwas ist, was Spirit dir mitteilen möchte.

Da ist dann etwas mit einer ganz einzigartigen Bedeutung nur für dich selbst – exklusiv für dich und für niemand anders.

Symbole sind dazu da, dass sie gedeutet werden. Du musst »dahinter« gelangen, um zur Information zu gelangen, die ein Symbol enthält. Um zu erfahren, was damit gemeint ist, lass uns wieder an etwas ganz Einfaches denken. Zum Beispiel an eine Tomate. Sie ist mir dreimal im Traum erschienen und scheint somit Teil meiner eigenen intuitiven Sprache zu sein. Ich frage mich jetzt:

→ Was bedeutet »Tomate« für mich? Wohlgemerkt: *Nur für mich selbst.* Es geht jetzt *nicht* darum, in einem Symbollexikon nachzuschauen, was darunter zu verstehen ist.

Aha! »Tomate« erinnert mich an die Suppe, die meine Großmutter immer gemacht hat. Weil dieses Symbol sich nun einige Male wiederholt hat, erinnert »Tomate« mich also an meine eigene Großmutter. *Und das bedeutet, dass die Schwingung »Großmutter« jetzt hier ist, wenn »Tomate« für mich spontan fühlbar wird.*

Du weißt also jetzt, dass »Tomate« für dich »Großmutter« bedeutet. Nehmen wir nun an, du bist schon weiter fortgeschritten auf dem Weg, den wir hier beschreiben, und du machst eine Lesung für eine andere Person. Spontan wird »Tomate« für dich präsent – sei es als Vision oder durch eine Fühlbarkeit. Das heißt, die Großmutter der betreffenden Person gibt dir ein Symbol, das *für dich selbst* eine Bedeutung hat. Da es aber in der Lesung um die andere Person geht, kannst du zu dieser Person sagen: »Ich fühle die Präsenz deiner Großmutter an deiner Seite.«

So kommst du dem näher, welche Nachricht sie der anderen Person zudenken will. So etwas passiert sehr, sehr oft – auch und gerade dann, wenn du am Anfang deines medialen Weges stehst.

Viele hegen die Erwartungshaltung, dass wir ein geistiges Wesen so sehen sollten, wie es uns etwa in Filmen gezeigt wird. Oder wir erwarten, dass es so mit uns sprechen sollte, wie wenn im Radio gesprochen würde. Aber die Sprache der Geistigen Welt ist sehr subtil! Sie kommt sehr oft auf indirektem Weg zu uns, hauptsächlich durch Symbole, und diese müssen in unsere eigene intuitive Sprache »übersetzt« werden. Darauf müssen wir immer zurückkommen. Vorerst halten wir fest:

Merke!

→ Obwohl es durchaus ikonische Symbole gibt, die alle Menschen verstehen, bestehen noch viel mehr Symbole, die *nur für dich selbst* wichtig sind. Und das sind genau die entscheidenden Symbole für dein eigenes Leben. Du entschlüsselst sie, indem du deine eigene intuitive Sprache erlernst.

Grundlegende Empfehlungen zur Entfaltung deiner Medialität

Schaffe einen persönlichen Raum und eine Routine für die Kommunikation mit Spirit

Richte dir einen Raum in deinem Zuhause ein, der speziell für diesen Zweck bestimmt ist. Sollte das nicht möglich sein, wähle einen anderen Ort, an dem du es dir so schön wie möglich machen kannst. Benutze den gewählten Platz so oft wie möglich. Er wird sich mit deiner psychischen Energie aufladen.

Natürlich kannst du auch an diesem Ort beten und meditieren. Aber wenn möglich, benutze ihn nur zur Kommunikation mit der Geistigen Welt. So schaffst du dir eine Routine für die Kommunikation mit Spirit. Sei offen für alles – was immer kommen mag. Und lasse die Kommunikation fließen, ohne sie gleich interpretieren zu wollen.

Und bleib beständig, übe regelmäßig. Wenn du dich nur alle paar Wochen dransetzt, wird es heute nicht klappen und auch die nächsten zwei Jahre nicht.

Rufe die Geistige Welt bewusst und deutlich an. Halte das Gespräch in Gang

Sage der Geistigen Welt sehr klar und eindeutig, dass du mit ihr kommunizieren willst. Bitte darum, dass die Informationen so übermittelt werden, dass du sie verstehen kannst. Dies ist ungemein wichtig, denn aufrichtige Bitten werden erhört. Vereinbare einen Termin, wenn du willst. Und halte dein Wort!

Ideal wäre es so: Du sitzt an deinem Ort, wie wenn du unter einem Baum sitzen würdest. Und wartest ganz einfach, bis eins der Blätter auf dich herabfällt. Ja, es geht! Also gib dir keine Mühe, die Information auf Gedeih und Verderb hervorzubringen. Bitte eher darum.

Ernährung und Schlaf

Ich persönlich bin nicht der Überzeugung, es sei nötig oder ratsam, dass wir alle Vegetarier werden, um unsere Medialität zu entwickeln. Höre auf deinen Körper und vertraue auf seine Signale. Um herauszufinden, ob es für dich günstig ist, vegetarisch zu leben, könntest du deine Blutgruppe testen lassen. In jedem Fall sollten wir uns vor schweren Mahlzeiten und zu viel Eiweiß hüten.

Gönn dir deine Ruhepausen und acht Stunden Nachtschlaf. Ausgeruht zu sein fördert die Aufmerksamkeit und dient der Empfänglichkeit für die subtilen Energien, um die es uns geht.

Meditiere und erde dich regelmäßig

Meditation ist der Schlüssel, um den Geist zu beruhigen und uns für die Aufnahme subtiler Energien zu öffnen. Einer der Schlüsselpunkte für die Entwicklung der Intuition ist es, den Verstand zum Schweigen zu bringen, um sich innerlich empfänglich zu machen. Das geschieht hauptsächlich durch Meditation.

Das rationale Gehirn (linke Gehirnhälfte) wird immer versuchen, die Erfahrung zu sabotieren, indem es dir das Gefühl gibt, dass du etwas falsch machst, dass du keine Ahnung hast und dich lächerlich machst. Die linke Gehirnhälfte ist daran gewöhnt, Macht und Kontrolle auszuüben. Sie wird ihre Herrschaft womöglich nicht so leicht aufgeben. Je länger wir uns in der rationalen Gehirnhälfte »eingegraben« haben, desto mehr Meditation ist notwendig.

Je mehr wir meditieren, desto mehr Erdung benötigen wir aber auch. Denn wir leben auf einer physischen Erde, und deshalb müssen wir uns auch erden. Meditation allein ist nicht genug, auch wenn sie mit den Boden bereitet, auf dem die Intuition keimen und gedeihen kann.

Als Faustregel empfehle ich, die Erdung doppelt so oft durchzuführen wie die Meditation. Für jede Stunde, die ich meditiere, wären als Ausgleich also zwei Stunden Erdung angesagt.

Tipp

Wie erde ich mich richtig?

1. Visualisieren, wie Wurzeln aus deinen Fußsohlen wachsen und ihren Weg zum Zentrum der Erde finden.
2. Wenn ich mehr Kraft brauche oder in Eile bin, ersetze ich die Wurzeln durch zwei Bohrer.
3. Springen.
4. Barfuß gehen.
5. Auf dem Boden liegen, salzige Nahrung essen, in Kontakt mit der Natur sein, auf dem Boden sitzen, Tiere berühren und mit ihnen in Kontakt sein.

Tipp

Ein Wort noch zur Meditation

Immer wieder sehe ich in der spirituellen Szene Menschen, die sehr viel meditieren. Aber nur weil wir fünf Stunden am Tag meditieren, heißt es nicht, dass wir spiritueller sein müssten als andere.

Wir müssen einfach die Balance finden zwischen unserem physischen und unserem spirituellen Anteil. Meditation ist eine tolle Sache. Aber Meditation, ohne dass man sich erdet, kann sogar gefährlich sein. Ich habe es allzu oft selbst gesehen, dass manche Menschen buchstäblich ihren Verstand verloren haben, weil sie sich nicht geerdet hatten. Und das ist wirklich kein Witz.

Den Verstand wollen wir nur zum Schweigen bringen, um übersinnliche Botschaften zu empfangen. Wir wollen und dürfen ihn nicht im täglichen Leben »verlieren«!

HÄUFIG GESTELLTE FRAGEN

Wie weiß ich, dass ich mir ein Symbol nicht mit meinem Verstand ausgedacht habe?

Wir alle erfahren es nur durch Erfahrung und Übung. Und was dich selbst betrifft: Nur du allein findest es heraus. Eigentlich ist es ganz einfach, du musst nur achtsam sein: Was erlebst du dann im leibseelischen Bereich? Ich sehe jetzt beispielsweise vor meinem inneren Auge ein Bild. Oder ich empfinde etwas. Am Ende wird es möglicherweise von selbst wieder verschwinden, ohne Regung. Wenn es aber etwas aus der Geistigen Welt gewesen ist, dann wird da noch etwas anderes da gewesen sein, ob mit oder ohne Bild: sei es ein Kribbeln oder eine Gänsehaut – irgendetwas, das als wahrnehmbarer Eindruck einhergeht. Auch die Wiederholung eines Symbols kann ein Zeichen sein.

Du hast gesagt, es ist gut, einen festen Platz zu haben zum Meditieren und um mit der Geistigen Welt zu kommunizieren. Wenn dieser von mir gewünschte Platz dann aber manchmal anderweitig genutzt wird, zum Beispiel, um ein Gästebett zu stellen, wäre es dann gut, den Platz hinterher energetisch zu reinigen?

Also, als Allererstes müssen wir immer mit dem arbeiten, was wir haben. Wenn wir so einen Platz nicht permanent einrichten können, wird Spirit trotzdem dort hinkommen, wenn du deine Praxis mit positiven Schwingungen aufgeladen hast. Du kannst deine eigene Schwingung auch mit Räucherstäbchen oder einem Kristall unterstützen. Aber gemach. Du musst dich in puncto »Reinigung« des Platzes nicht verrückt machen! Das Wichtigste, um Kommunikation mit der Geistigen Welt zu haben, ist unsere Intention.

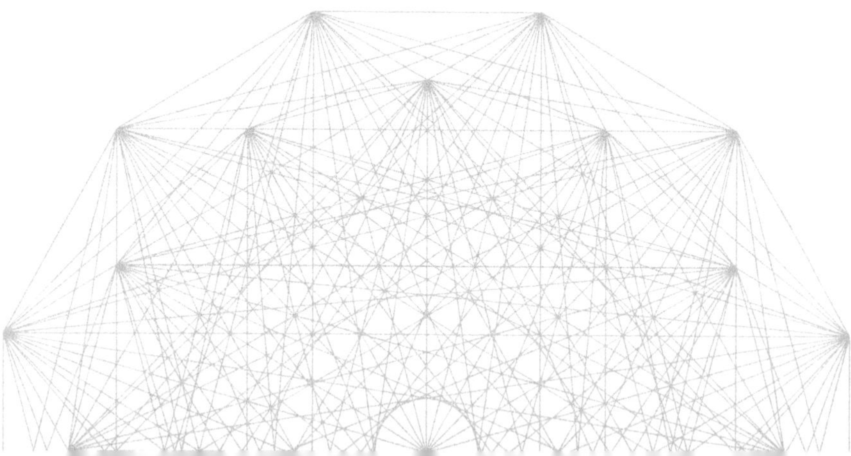

Das Chakra-System und wie wir es nutzen können

Ich kann mir vorstellen, dass du dieses System bereits kennst. Informationen dazu gibt es in Hülle und Fülle, sei es in Büchern, sei es im Internet. Wichtig sind für uns weder die Sanskritnamen noch die Farben und Mantras zu jedem einzelnen Chakra noch die Frage, ob es sieben, neun oder gar zwölf Chakras gibt. Wichtig für uns ist vor allem:

→ Wir stellen die Verbindung mit der Geistigen Welt grundsätzlich mit dem Solarplexus-Chakra her – und nicht mit dem Stirn-Chakra, auch »Drittes Auge« genannt. Dies aus einem ganz bestimmten Grund: eben weil das Dritte Auge, wie schon sein Name andeutet, von Natur aus dafür da ist, unsere Visualisierungsfähigkeit zu mobilisieren. Um innere Bilder zu erzeugen, reagiert es unablässig auf ganz unterschiedliche Impulse, sei es von innen oder von außen. Dabei greift es sowohl auf den mechanisch arbeitenden Verstand als auch auf den Strom der Emotionen zurück, die beide zusammen unser mentales »Grundrauschen« ausmachen. Folglich hat zumindest die gewohnheitsmäßige Tätigkeit des Stirn-Chakras prinzipiell nichts mit der Geistigen Welt zu tun: eine Erfahrungstatsache, die seine Arbeitsweise für Manipulationen anfällig macht, sobald es um mediale Absichten geht. Deshalb halten wir uns an folgende bewährte Regel:

→ Was wir in unserem Körper fühlen, unser »Bauchgefühl«, ist im Kontakt mit der Geistigen Welt weitaus verlässlicher als das, was im Kopf geschieht.

Wir werden also – bis auf wenige Ausnahmen – mit dem Solarplexus-Chakra arbeiten. Man nennt es nicht zufällig auch das empathische Chakra.

Merke!

Auf den Solarplexus fokussieren wir uns, weil unser Körpergefühl nicht lügen kann.

Im Übrigen nutzt du die Kompetenz dieses Chakras bereits jetzt, und sogar sehr häufig, nämlich immer dann, wenn du dir ein Gefühl davon machst, ob du jemand vertrauen kannst. Die psychische Sensorik des Solarplexus ist unser »Gefühlskompass« – auch ohne dass wir uns dessen bewusst sind.

Von daher wird es unser ganz praktisches Ziel sein, die im Solarplexus operierende Energie bewusst und absichtlich zu nutzen. Wir werden sehen, wie wir sie nach vorne hin »ausdehnen«, etwa um eine Person, die vor uns ist, energetisch zu berühren und in der Energie der Verbindung mit ihr medial zu verweilen.

Wir nutzen damit einen völlig normalen Vorgang, nur eben nicht unbewusst, sondern *sehr bewusst und gezielt.* Ungewohnt ist einzig und allein, dass wir ihn selbst herbeiführen, als Bitte an die Geistige Welt, und dass die psychische Energie mit Absicht bewegt wird. Es ist Arbeit – innere Arbeit! Solange es noch ungewohnt ist, so lange kann dabei schon auch ein gewisses Gefühl der Ermüdung eintreten. Aber das wird sich legen.

Jene Person, für die wir in der Geistigen Welt »lesen«, fungiert somit als ein »energetischer Gastgeber«, indem ich an ihren Emotionen und Erfahrungen teilhabe. Ja, wir nehmen als Medium tatsächlich im Wortsinne *Anteil an diesem Menschen*, denn wir treten in sein Energiefeld ein. Da kann es auch wichtig werden, sich vor gewissen Belastungen zu schützen. Wir werden also auch lernen, mit welcher Technik wir dann innerlich einen Schritt zurücktreten können, um nicht selbst beeinträchtigt zu werden, wenn wir uns mit schwierigen Emotionen verbinden.

Im Endeffekt handelt es sich um nichts Übernatürliches. Um die Natur medialer Verbindung zu begreifen, hilft ein Blick auf die medizinische Forschung. Die Neurowissenschaft hat herausgefunden, dass wir im Bauch Informationskanäle haben, die Befehle ans Gehirn geben. Früher glaubte man, es sei umgekehrt! Heute wissen wir, dass unser Gehirn Bilder produzieren kann, die letztlich vom Körper ausgehen. Dadurch wird das, was ich körperlich-unbewusst in mir habe, auch psychisch und geistig wirksam.

Die vier Arten der Intuition

Es wurde bereits gesagt, dass die Geistige Welt mit jedem Menschen auf seine besondere, ja einzigartige Art und Weise kommuniziert. Wir alle besitzen etwas, das man »persönliche Intuition« nennt. Bei der Medialität können wir grundsätzlich vier Arten der Intuition erkennen, und jeder einzelne Mensch beherrscht normalerweise eine davon besonders gut.

Intuitiv-emotionale Intuition
bewirkt, dass man die hauptsächlichen Charakterzüge einer anderen Person beziehungsweise ihre jeweilige seelische Verfassung erkennt. Wir erfahren, wer oder was sie sind, und das auch ganz ohne Worte.

Mental-intuitive Intuition
bewirkt, dass man die Antwort auf ein definiertes Problem sofort und unmittelbar erfährt. Menschen, die aus beruflichen Gründen sehr rasche Entscheidungen herbeiführen müssen, entwickeln sie oft besonders gut.

Intuitiv-hellsichtige Intuition
bewirkt, dass eine plötzliche Eingebung erfahren wird, wie eine nicht analysierbare Situation weiterverfolgt werden soll. Ganz plötzlich weißt du, was zu tun ist. Es geschieht ohne Nachdenken.

Intuitiv-spirituelle Intuition
entspricht dem Zustand der »Erleuchtung« oder »Offenbarung«. Hier geht es also eher um sehr tiefe Erfahrung als um reine Information. Die Erkenntnis reicht bis weit hinter die Dinge des täglichen Lebens.

All das gehört zur Medialität! Ob Trance, Channeling, Träume, Astralreisen, außerkörperliche Erfahrungen, Omen oder Apporte: Es erwächst alles aus Intuition. Es ist sogar möglich, dass wir diesen Erfahrungen begegnen, ohne dass uns dabei der Gedanke an Medialität überhaupt kommen müsste. Sich aber mit Medialität praktisch zu beschäftigen heißt, darüber hinaus noch einen ganz entscheidenden, bewussten Schritt weiterzugehen: Wir wollen die Intuition systematisch herbeiführen.

Merke!

- Kommunikation mit der Geistigen Welt ist nichts »Übernatürliches«. Ganz im Gegenteil: Medialität gehört zu unserem ureigenen menschlichen Potenzial und kann entwickelt werden, wenn wir es wollen.
- Botschaften aus der Geistigen Welt sind naturnotwendig positiv, aufbauend und voller Licht.
- Kommunikation mit der Geistigen Welt ist einfach! Wir benutzen dazu unsere natürliche Intuition.

- Die Geistige Welt verwendet als Botschaften nur Dinge, die dir bekannt sind und die du prinzipiell verstehen kannst. (Eine Ausnahme können Übermittlungen bilden, die in Trance oder durch Channeling stattfinden. Hiervon später.)

- In ihren symbolischen Botschaften teilt sich die Geistige Welt durch Bilder, Gedanken und Gefühle mit, die allesamt deiner eigenen Erfahrungswelt entstammen. Du lernst sie durch Übung zu deuten und auf die gegebene Situation anzuwenden.

- Deinen »intuitiven Muskel« zu entwickeln ist das hauptsächliche Ziel deiner Übungspraxis als Medium. Logisches Denken, so wichtig es im Leben sonst auch ist, muss dann außen vor bleiben.

- Kommunikation mit der Geistigen Welt erfordert die Haltung von Disziplin, Beständigkeit – und nicht zuletzt Demut.

Eine beliebte Frage: Wie ist das eigentlich mit den »Toten«?

Zuallererst müssen wir verstehen, dass wir nicht mit »Toten« sprechen, wenn wir Spirit adressieren. In der Geistigen Welt gibt es keinen Tod. Das ist schlicht die Tatsache, und es wird von allen geistigen Wesen sehr ernst genommen, dass wir sie nicht als »Tote« sehen. Es ist eben keineswegs so, dass wir für immer verschwinden, wenn wir sterben. Unsere Seele, unser immerwährendes Bewusstsein, es bleibt am Leben. Und das mit Freude! Wir wahren auch unsere persönliche Natur, lassen nur alle Anhaftungen zurück. Alles »Möchte«, »Sollte«, Müsste«: Nur das bleibt zurück.

Und was für uns Menschen ganz wichtig ist: Eine Seele im Jenseits kann uns, die wir im hiesigen Leben stehen, sehr gut sehen. Aus der Geistigen Welt heraus kann sie uns Informationen über unsere Zukunft und Vergangenheit übermitteln, und das will sie auch. Wenn wir nicht in der Lage sind, es bewusst in uns aufzunehmen, bleibt es immerhin in unserem Unbewussten verborgen.

Sobald eine Seele auf der anderen Seite lebt, lernt sie auch selbst weiter. Es bleibt ihre Aufgabe, weiter zu wachsen. Dazu gehört ihre Fürsorge für uns. Deshalb will sie uns wissen lassen, dass sie bei uns ist und für uns da ist. Denn wenn wir glücklich sind, wird auch sie glücklicher. Es ist also nie so, dass unser »Hier« und ihr »Dort« gänzlich separat existieren. Die materielle Welt und die Geistige Welt sind innig miteinander verwoben. Und die Wesen der Geistigen Welt sind immer da, um uns zu helfen, uns zu führen und zu beschützen.

Allerdings erscheint den meisten Menschen der heutigen Zeit ein Kontakt mit ihnen mindestens als unwahrscheinlich, wenn nicht als ganz und gar unmöglich. Der Aufbau der Kommunikation erfolgt von der anderen Seite her deshalb oft so, dass ein geistiges Wesen uns erst von seiner Gegenwart überzeugen will. Und als Wichtigstes will es wissen lassen, dass es alles andere als »tot« ist. Wenn das Unruhe hervorruft, wird es von sich aus dazu beitragen, dass wir herunterfahren und uns entspannen können. Im dritten Schritt, sobald die Verbindung steht, wird es uns seine Führung angedeihen lassen.

Wie kommunizieren geistige Wesen?

Ein geistiges Wesen kann dir visuell erscheinen. Oder es spricht mit dir. Vielleicht lässt es dich auch etwas fühlen. Es geschieht naturgemäß in deiner eigenen »intuitiven Sprache«.

Möglicherweise siehst du das geistige Wesen nicht so, wie es in der hiesigen Welt der Fall wäre. Du könntest beispielsweise nur das Gesicht oder den Oberkörper sehen.

Wenn es spricht, hörst du seine Stimme direkt in deinen Ohren, in der Gehörschnecke. Auch diese Erfahrung ist persönlich gefärbt. In meinem Fall ist es so, dass es weder die Stimme eines Mannes noch die einer Frau ist. Es ist eine neutrale Stimme. Doch weiß ich, um welches Geschlecht es sich handelt. Jedenfalls gilt das für geistige Wesen mit dem Hintergrund einer irdischen Inkarnation. Gleichwohl kann ein Mann sehr wohl einen starken Einschlag weiblicher Energie aufweisen und eine Frau durchaus auch männlich wirken. Für Wesen aus den rein geistigen Dimensionen, etwa Engel und Erzengel, spielt das Geschlecht keine Rolle.

Ungewohntes gehört für uns Menschen zum üblichen Lernprogramm, wenn wir mit der Geistigen Welt in Verbindung treten. Im Übrigen kann das auch für die andere Seite gelten, und zwar insbesondere dann, wenn das vergeistigte menschliche Wesen noch nicht sehr lange dort ist. Dann hat es noch keine oder erst wenig Erfahrung darin, wie es sich uns verständlich machen kann. So verlegt es sich gern auf Symbole, um zu kommunizieren, manchmal auch auf sogenannte Apporte, etwa besondere Klänge oder Geräusche.

Doch kannst du sicher sein: Es wird nur etwas herüberbringen, was du kennst. Was also zur Verfügung steht, hängt von deiner eigenen Erfahrung ab, deinem Wissen und deiner Weisheit.

Nehmen wir an, du willst versuchen, für mich meinen Großvater herbeizuholen. Dann würde der Großvater wohl weder Spanisch sprechen noch Baskisch, obwohl dies zu seinen Lebzeiten im Diesseits die ihm geläufigen Sprachen waren – außer, dir wäre eine dieser beiden Sprachen geläufig. Um dich wissen zu lassen, wer er ist, würde er dir vielleicht eine Kopfbedeckung zeigen, die für ihn typisch war, die du aber auch kennst: ein Barett. Selbst wenn du zunächst gar nichts damit anfangen kannst, würde ich selbst, als derjenige, dem die Information letztlich gilt, sofort wissen, dass es sich um meinen Großvater handelt. Das wäre eine Form direkter Kommunikation und relativ leicht zu entschlüsseln.

Aber vielleicht kommt ja auch etwas rein Symbolisches herüber. Zum Beispiel irgendeine traditionelle Kopfbedeckung mit ausschließlichem Bezug zu deiner eigenen, sehr persönlichen Erfahrungswelt. Nehmen wir an, du stammst aus Bayern. Vielleicht erschiene dir dann sogar ein Hut mit Gamsbart ...

Sag dann bitte nicht: »Also das ist ja wirklich total bescheuert, es macht doch gar keinen Sinn. Ein älterer Mann aus dem Baskenland wird doch keinen bayerischen Hut getragen haben.«

Der Punkt, den ich hier machen will, ist nämlich folgender: Mein Großvater setzt jetzt auf etwas, das nicht mir, sondern *dir* – als dem Medium – vertraut ist. Um das Symbol zu entschlüsseln, kannst du mich, als eigentlichen Empfänger der Nachricht, um Feedback bitten. Du könntest zum Beispiel sagen: »Ich sehe einen älteren Mann, der sein Leben lang einen traditionellen Hut getragen hat.« Das kann dann für mich die Brücke sein, um an den Sinn hinter dem Symbol zu gelangen.

Diese Art der – indirekten – Kommunikation mit einem geistigen Wesen ist sehr häufig. Das Beispiel beweist auch, wie wichtig es ist, dein eigenes Symbollexikon zu führen, um deine persönliche intuitive Sprache zu erlernen!

Merke!

→ Es ist wichtig, das Übermittelte einfach so auszusprechen, wie es kommt, ohne es in irgendeiner Weise zu analysieren.

→ Schon die Tatsache, dass die Geistige Welt sich zeigt, ist für sich genommen eine Botschaft. Behalte das im Hinterkopf und versuche nicht, aus ihrer Gegenwart unbedingt eine komplizierte Botschaft herauslesen zu wollen.

→ Wenn mit der Erscheinung eine körperliche Empfindung oder eine Emotion einhergeht, dann weißt du: Okay, jetzt ist die Verbindung hergestellt.

→ Wichtig: Für Channeling und Trance gelten besondere Gesetze. Sie werden später erörtert.

HÄUFIG GESTELLTE FRAGEN

Kann ich auch darum bitten, mir ein bestimmtes Symbol zu zeigen?

Ja, das kannst du. Nehmen wir an, du kennst die Tarot-Karten oder bist sehr gut mit Computern, oder du kochst gern, oder du liebst Pflanzen. Dann kannst du die Geistige Welt bitten, dir die Informationen durch Symbole aus diesen Bereichen zu geben. Wenn das, was dir spontan erscheint, irgendwie unangenehm werden sollte, kannst du auch um etwas anderes bitten. Spirit hat ein Interesse daran, mit dir zu arbeiten und dir zuzuarbeiten.

Wenn in der Geistigen Welt praktisch alles möglich erscheint, was hindert Spirit daran, mit uns auf ganz direkte Art und Weise zu kommunizieren?

In erster Linie geht es dabei nicht um den Sender, sondern um den Empfänger. Es hat mit deiner »Antenne« zu tun: deinem Entwicklungsstand und deiner Empfangsbereitschaft. Speziell kann hinzukommen, dass ein geistiges Wesen gerade erst auf der anderen Seite angekommen und nicht gerade erpicht darauf ist, mit uns in Verbindung zu treten. Auch gibt es auf der anderen Seite tatsächlich so etwas wie Vorsicht und Schüchternheit. In aller Regel aber liegt das Hindernis bei uns selbst und sehr häufig darin, dass wir zu analysieren beginnen: Was sehe ich denn ganz genau? Warum höre ich jetzt gerade das? Woher kommt dieses Gefühl? Und schon bist du raus aus der Erfahrung!

Ich war noch ganz am Anfang meines Weges als Medium, als ich für eine Frau arbeitete, die ihren Ehemann kontaktieren wollte. Ich aber war überhaupt nicht in der Lage, ihn zu sehen oder zu fühlen. Was ich auch versuchte, ich bekam ihn nicht her! Alles, was ich sehen konnte, war ein langer Sprung in einer großen Fensterscheibe, der von einer Seite zur anderen reichte. Sonst nichts. Mein Verstand sagte mir, das ist doch lächerlich, du machst dich ja hier zum Narren, das ist doch nicht die Geistige Welt! Aber dann habe ich das gemacht, was ich in meinem Training vermittelt bekommen habe: Vertraue! Zweifle niemals! Und gib die Informationen so weiter, wie sie zu dir kommen! Denke nicht darüber nach, analysiere sie nicht!

Also sagte ich zu dieser Frau: Ich weiß nicht, was es mit deinem Ehemann zu tun hat, aber ich sehe dieses große Fenster mit einem großen Sprung. Da stürzten ihr plötzlich die Tränen aus den Augen. Und zu meiner Überraschung wanderte das Fensterglas in den Hintergrund meiner Vision, und ihr Ehemann ist tatsächlich erschienen!

Was war passiert? Dieser Mann hatte in einem großen Gebäude als Hausmeister gearbeitet. Es besaß noch diese alten Fenster, die man nicht komplett öffnen konnte, sondern nur nach außen hin kippen. Da es sehr windig war, wollte er dieses Fenster schließen. Genau in dem Moment, als er das tun wollte, schlug eine heftige Bö das Fenster zu, das Glas zersprang und verletzte ihn an der Halsschlagader. Der Mann verblutete an Ort und Stelle.

Genau das wollte er mir durch das Bild, was er mir schickte, vermitteln. Und ich musste es genau so beschreiben, damit der Zusammenhang klar wurde. Somit zeigt die Begebenheit Folgendes:

→ Meine eigene Antenne war noch nicht so empfindlich, dass ich es so sehen konnte, wie es tatsächlich gekommen war. Ich war »dran, aber nicht drin«, wie man so sagt.

→ Wenn dann ein Symbol trotzdem nicht verschwinden will, ist es wichtig, dein Gegenüber um Feedback zu bitten. Aber ohne zu analysieren, ohne zu deuten oder darauf »herumzudenken«!

→ Oder man findet die Bedeutung, indem man sich fragt: Welche Erfahrung habe ich damit gemacht? Welche Erinnerungen verbinden sich damit?

→ Jede Nachricht ist anders, jeder Tag ist anders. Und auch jeder Klient ist anders. Das macht natürlich Spaß, ist aber hie und da auch herausfordernd.

→ Hör auf deinen Körper! Oft ist er es, er dir die Information geben wird, denn unsere Intuition, unsere Medialität fühlen wir in unserem Körper.

Übung

DIE AMPEL-TECHNIK

Durch diese sehr nützliche Technik trainierst du deine »Antenne«. Mit einiger Übung gewinnst du ein Gefühl dafür, ob eine Information wirklich aus der Geistigen Welt stammt oder nur aus deinem Gehirn. Ein weiterer Vorteil ist: Du kannst es überall trainieren.

Ausnahmsweise beziehen wir bei dieser Übung das »Dritte Auge« ein. Eben deshalb, weil es, wie gesagt, auch für manche unrealistische Vorstellung verantwortlich ist. Wir arbeiten hier also punktgenau im Grenzbereich von Einbildung und Intuition und schulen damit unser Unterscheidungsvermögen.

Ich stelle mir eine Ampel vor, mit geöffneten Augen, außerhalb meines Kopfes. Oben ist Rot, in der Mitte Gelb, unten Grün. Dann schließe ich die Augen – und platziere dasselbe Bild nun hinter der Stirn.

Zuerst stelle ich mir selbst ein paar ganz alberne Fragen: Ist mein Name Patricia? Lebe ich in New York? Bin ich eine Frau? Und so weiter. Wenn möglich, stelle ich mir die Fragen laut und deutlich. Dann erlaube ich den Lichtern der Ampel, sich zu bewegen und mir die Antwort zu geben. Ganz wichtig: Anfangs solltest du dich ausschließlich auf solche »albernen« Fragen konzentrieren. Die Antworten sind absolut klar, und so gewöhnst du dich an die Funktionsweise der Ampel.

Sobald du dich so weit fühlst, weiterzugehen, kannst du dich mit ernsthaften Fragen befassen. Jetzt beginnt es ernst zu werden! Die Ampelfunktion ist jetzt folgendermaßen:

- **Durchgehendes Grün:** Einfaches Ja.
- **Blinkendes Grün:** Ja! Hier vorwärtsgehen.
- **Durchgehendes Rot:** Nein.
- **Blinkendes Rot:** Nein, geh da nicht hin.
  Vielleicht eine Gefahr.
- **Gelb:** Etwas fehlt oder stimmt nicht. Finde es heraus!

- **Blinkendes Gelb**: Es könnte Unehrlichkeit, vielleicht sogar absichtlicher Betrug im Spiel sein.

- **Eine Farbe in anderer Position als gewöhnlich:** Ambivalente Situation. Deshalb immer auch jene Farbe in Betracht ziehen, die an dieser Position normalerweise steht.

Ich empfehle, diese Übung täglich durchzuführen, bis du spürst, wie sich die jeweilige Energie anfühlt. Mit diesem »Gefühl« – es kann auch eine körperliche Empfindung sein – wirst du stets arbeiten können. Immer dann, wenn du für jemand in der Geistigen Welt liest, um eine Information bewahrheitet zu bekommen. Oder wenn sie in symbolischer Form erfolgt und interpretiert werden muss.

Die Clairs: deine persönliche Veranlagung zur Spirit-Kommunikation

Bevor du in die direkte Kommunikation mit Spirit gehst, empfehle ich dir, näher zu bestimmen, wie dein Weg verlaufen wird. Es ist stets ein sehr individueller Weg, der in unserer persönlichen Prägung gründet. Und es ist überhaupt nichts Geheimnisvolles, sondern wirkt schon auf den ersten Blick als sehr vertraut, weil dieser Weg parallel zu unseren physischen Sinnen verläuft.

Für jede und jeden von uns gilt, dass wir zur Kommunikation mit Spirit an die Arbeitsweise eines unserer Sinnesorgane, vielleicht auch von zweien, am besten anknüpfen können. Von »Hellsichtigkeit« zu sprechen, wie im deutschen Sprachgebrauch üblich, ist also nur korrekt, wenn man dabei nicht nur die Visualisierung meint, sondern als Vergleichsbasis die Tätigkeit *aller* physischen Sinne einbezieht.

Wenn du dich nun fragst: In welchem Bereich liegt mein hauptsächliches Clair?, dann ist das so, wie wenn du nach dem Leader einer Band fragst. Alle Sinne aber können – als innere Sinne – zur Kommunikation mit Spirit beitragen, wie jedes einzelne Instrument zum Gesamtauftritt der Band beiträgt.

DIE CLAIRS, UNSERE TORE ZUR GEISTIGEN WELT

- **Hellsehen** bedeutet für mich: Spirit erscheint visuell. Wir sehen beispielsweise ein geistiges Wesen, ob innerhalb oder außerhalb unseres Gehirns.

- **Hellhören**: Wir hören Spirit – normalerweise innerhalb unseres Ohres (Gehörschnecke), manchmal aber auch außerhalb davon. Es ist nicht einfach nur ein Gedanke, sondern eine hörbare Wahrnehmung.

- **Hellriechen:** Wir nehmen Gerüche wahr, seien sie aus unserer eigenen Welt oder aus der Welt der Person, für die wir in der Geistigen Welt lesen.

- **Hellschmecken:** Wir nehmen Geschmäcker innerhalb des Mundes wahr. Das kann der Geschmack von Apfelkuchen sein, aber auch der unangenehme Geschmack, den Menschen auf der Zunge haben, die eine Chemotherapie machen.

- **Hellberühren:** Ein unbestimmtes Gefühl in der Hand, etwa Kribbeln oder Wärme, aber auch die Empfindung konkreter Berührungen.

Hinzu treten Wahrnehmungskanäle, deren rein intuitiver Charakter sie von vornherein als von geistig-seelischer Natur ausweist:

- **Hellfühlen:** Etwas körperlich spüren, als ob es uns in diesem Moment selbst zustoßen würde.
- **Hellwissen:** Etwas einfach wissen, ohne erkennen zu können, woher es kommt. Wir wissen es einfach!

Übung

WIE ERKENNE ICH MEIN HAUPTSÄCHLICHES CLAIR?

Vorbemerkung: Alle Praxisübungen werden von nun an für zwei Personen ausgelegt, weil es die Möglichkeiten des Feedbacks erschließt. Feedback ist bei medialer Kommunikation immer von Vorteil, und insbesondere in der Lernphase. Es wäre schön, wenn du Partner oder Partnerinnen deines Vertrauens gewinnst, mit denen du üben kannst. Glücklicherweise ist dies heute auch ohne gemeinsame physische Präsenz möglich. Dieses Buch zum Beispiel entstand während der Covid-Pandemie; es basiert auf einem mehrteiligen Online-Kurs, mit Liveübertragung. Um jemand für eine Partnerschaft zu gewinnen, findest du im Anhang dieses Buchs die Kontaktadresse meines Veranstalters. Dort wird dir weitergeholfen. Um aber auch allein üben zu können, siehe die eigens dafür empfohlenen Übungen, ebenfalls im Anhang.

Tipp

Du arbeitest allein, und es kommt gerade nichts zurück? Immer dann – und überhaupt, wenn du eine Hemmung im Informationsfluss spürst – hilft es, etwas Kleines in die Hand zu nehmen und damit zu spielen. Dadurch wird dein rationales Gehirn »unterhalten«, sodass deine Intuition besser ins Spiel kommen kann. Du bewegst beispielsweise deine Finger, reibst deine Hände, spielst mit einem Stift, seiner Kappe oder nimmst eine Münze in die Hand – und bewegst diesen Gegenstand die ganze Zeit in deinen Händen. Nonstop, ganz automatisch.

Wir alle wissen, wo unsere Stärken beim Lernen in der Schule lagen. Deine Erinnerung daran kann helfen, herauszufinden, was dein besonders sensitives persönliches Clair ist. Wenn du beim Vortrag der Lehrenden diese immer anschauen musstest, um etwas zu begreifen, liegt nahe, dass du visuell veranlagt bist. Wenn du etwas wieder und wieder laut wiederholen musstest, um es dir zu merken, kann das Hören deine starke Seite sein. Um dein besonders empfängliches Clair herauszufinden, hilft jetzt die folgende Übung. Sie dient gleichzeitig als Vorstufe zu einer grundlegenden Technik, mit der wir unsere »Antenne« ausfahren werden, um für Botschaften aus der Geistigen Welt empfänglich zu sein.

Du brauchst ein gänzlich dunkles Zimmer, das du aber auch sehr gut kennst. Alternativ kannst dir die Augen fest verbinden. In dein Zimmer hast du etwas Neues hineinlegen oder herausnehmen lassen. Oder etwas wurde von seinem Stammplatz woandershin platziert, ohne dass du es weißt.

Dein Ziel ist nun aber *nicht*, herauszufinden, um welches Objekt es sich handelt. Sondern einfach nur, festzustellen, in welchem Bereich des Raumes jetzt etwas *anders* oder *neu* ist.

Jetzt rufst du das Gefühl wach, dass die Energie aus deinem Solarplexus sich aufs komplette Zimmer erstreckt. Dieses Chakra fungiert quasi wie ein Radar und begibt sich auf die Suche. Nimm insbesondere wahr, welche Art der Intuition (welches Clair) dir hilft, den Zielbereich zusehends einzugrenzen und möglichst zu erreichen. Zunächst kannst du dir durch ein Feedback jener Person, die das Ziel gesetzt hat, helfen lassen.

Eine Übung ganz für dich allein findest du im Anhang.

Nun werden wir dazu übergehen, mit dem Solarplexus ganz gezielt zu arbeiten.

Übung

DEINE ERSTE VERBINDUNG

Diese Übung erfordert zwei Personen. Jede braucht ein Foto eines Verstorbenen. Die Rollenverteilung ist folgendermaßen: Eine Person (hier A) ist der Sender, die andere (B) der Empfänger. B teilt A mit, welche Informationen sie/er empfängt, und erhält daraufhin Feedback von A.

Person A schaut auf das Bild. Nur das – sie sendet nichts bewusst aus und projiziert nichts hinein. Schau bitte einfach auf dein Bild und erinnere dich an diese Person, an all die Zeiten, die ihr mit ihr verbracht, an Erlebnisse und Gedanken, die ihr miteinander geteilt habt.

Aktivierung des Solarplexus, Vorwärtsschieben der Energie, Antenne im Nacken aktivieren (Näheres zur »Antenne« auf S. 88 ff. Kann bei dieser vorbereitenden Übung zunächst weggelassen werden.)

Schau auf das Bild und versuche, dich mit der Erinnerung an diese Person zu umgeben, sie so zu fühlen, als wärst du wieder mit ihr zusammen.

Das ist alles, was Person A zunächst machen muss. Sie verrät weder den Namen noch sonst irgendetwas über die verstorbene Person, an die sie denkt. Alles, was sie macht, ist, auf das Bild zu schauen. Fertig!

Keine Sorge wegen etwaiger »Fehlzündungen«! Wir wärmen uns doch erst auf. Es geht überhaupt nicht darum, irgendetwas sofort »richtig« zu machen. Sondern nur darum, den »Muskel hinter dem Clair« zu trainieren. Auch wenn die Resultate nicht so sein sollten, wie man es sich erhoffte, wird es immer noch als sehr gutes Training nützen.

B ist nun aber die Person, die wirklich arbeiten muss! Sie soll die Augen schließen und mit ihrem Gewahrsein zum Solarplexus (etwas oberhalb des Nabels) gehen. Dorthin atmet sie jetzt tief ein und behält die Luft ein Weilchen drinnen. So spannt sie dieses Körperareal an. Indem sie dann bewusst ausatmet, erweitert sie ihren Solarplexus so weit nach vorn, bis er Person A erreicht.

Und dann bitte Folgendes: Halte mit jedem Atemzug die Energie auch dort, wo du sie jetzt hingeschoben hast. Also immer wieder »nachschieben«. Genau das ist der Kniff! Denn die Energie hat die Neigung, wieder zurückzukommen, sich wieder zusammenzuziehen. Bleibe also dabei, die Energie immer wieder nach vorn zu drücken. Es ist wie bei einem Akkordeon, das nicht zufällig auch »Quetschkommode« genannt wird. Oder wie bei einem Blasebalg, der immer wieder aufgepumpt werden muss.

Während A also aufs Bild schaut und B schiebt und drückt, gibt Person B die Information wieder, die sie von A empfängt. Nun soll das, was B sagt, aber nicht etwa in der Luft hängen bleiben! Worauf es auch ankommt, ist das Feedback von A.

Hierbei sind einige Regeln zu beachten:

→ Bitte lasst keine langen Lücken entstehen, ohne zu sprechen. Denn sonst schaltet sich das Gehirn an und mischt mit.

→ Benutzt kurze Sätze!

→ Wenn B beispielsweise vier Dinge gleichzeitig sieht, wird erst eines davon mitgeteilt. Dann sofort Feedback von A. Danach zur nächsten Info – und jeweils Feedback geben.

→ A verrät mit keiner Silbe, wer die Person auf der anderen Seite ist. Wenn B zum Beispiel sagt, sie sähe einen Mann, dann sagt A Ja oder Nein. Aber verrät nicht, wer es ist.

→ Zu dieser sehr wichtigen Übung findet sich im Anhang eine Alternative, die für einzeln übende Personen geeignet ist!

Hört sich das schwierig an? Ist es aber nicht – alles nur eine Frage der Übung. Im Folgenden ein typisches Beispiel, was anfangs auf dich zukommen kann:

Ich bin Person B, nehme den tiefen Atemzug und straffe die Region oberhalb des Bauchnabels. Also ungefähr so, wie wenn ich versuchte, wieder die Hose zu schließen, die mir letzten Sommer doch aber noch gepasst hat ...

Indem ich ausatme, weitet sich dieser Bereich in der Vorstellung aus.

Von Person A bekomme ich nun leider aber gar nichts mit! Möglicherweise ist es so, dass sich deren Gehirn jetzt einschaltet. Sie braucht noch etwas, um in ihrer Kraft einfach nur zu »sitzen«, statt etwas damit zu »machen«.

Da! Jetzt ist die Verbindung hergestellt. Ich sehe Zahlen. Das sage ich A sofort: Ich nehme bei dir wahr, dass du an eine Person denkst, die gerne mit Zahlen zu tun hat. (A bestätigt.)

- Ich fühle jetzt eine männliche Schwingung. (Ja.)

- Er beschützt dich. (keine Reaktion)

- Er könnte dein Vater sein oder ein Großvater. (Ja.)

- Nun wird mir klar, es ist ein Großvater, weil er in meiner Vorstellung einen Spazierstock hat. (Ja, er ist es.)

→ Du siehst also: Jede einzelne Information, die ich bekomme, überbringe ich auch. Und warte auf ein Feedback.

→ Wir lassen keine langen Leerstellen, weil sich sonst das Gehirn einschaltet. Ebenso wenig lassen wir Erklärungen zu, weil es sich auch dann einmischt.

→ Es ist wie beim Squash: Sobald ihr den Ball gegen die Wand geschlagen habt, kommt er sofort wieder zurück.

→ Zack, der Ball kommt zurück, und ich überbringe die nächste Nachricht. Und immer so weiter.

→ Auch wenn A »Nein« sagt oder »Ist egal« – schon kommt der nächste Ball. Haltet euch vor Augen, dass ihr übt. Ihr trainiert!

→ Somit wird klar: Bei dieser Übung geht es einfach darum, die Energie aufrecht zu erhalten, den Fluss auch fließen zu lassen.

→ Dies ist kein Wettkampf! Es geht niemals darum, wer recht hat oder wer öfter recht bekommt.

→ Das Wichtigste noch mal zum Schluss: Wenn die Information kommt, überbringe ich sie direkt. Ich lasse sie nicht anbrennen (ins Gehirn kommen). Dort verbrennt sie und wird wertlos. Rein und raus! Rein und raus!

HÄUFIG GESTELLTE ANFÄNGERFRAGEN

Soll Person B die ganze Zeit einatmen und ausatmen wie beschrieben?

Ja, die ganze Zeit.

Und trotzdem dabei reden?

Ja, das geht schon. Deshalb das Beispiel mit dem Akkordeon. Auch das wird ständig hin und her gezogen. Du brauchst etwas Übung, und du musst dich darauf einlassen. Fang auch nicht sofort an zu reden, das ist dann meist noch das Gehirn. Nimm dir genügend Zeit, um dich zu verbinden, um in deiner Kraft und in der geistigen Energie zu sitzen. Und während du die Übung machst, denke dran, dass die Energie die Angewohnheit hat, zurückzukommen.

Dann musst du sie eben wieder nach außen bringen.

Also alles die ganze Zeit über?

Ja, schon. Man gewöhnt sich recht bald dran. Im Endeffekt musst du das Nachdrücken alle paar Minuten noch mal neu vornehmen. Und immer dran denken, dass du in der Verbindung bleibst! Du umhüllst die andere Person mit deiner Energie. Dann merkst du auch, wenn sie zurückkommt, und wirst sie rasch wieder nach außen bringen.

Du hast mehrfach gesagt, man sollte nicht im Symbollexikon nachschlagen, sondern sich fragen, was ein erhaltenes Symbol mit einem selbst zu tun hat. Wie kann man das am besten machen? Es kommen ja ganz unterschiedliche Gedanken, und deswegen weiß ich nicht, was davon richtig ist.

Jedes Symbol kann eine Botschaft darstellen oder der Anfang einer Botschaft sein. Wenn es zu viel wird, dann konzentriere dich zunächst auf etwas Bestimmtes, sei es einziges Bild, ein Geräusch oder eine Empfindung. Lass alle anderen Informationen los, so selbstverständlich, wie ein Regen fallen darf. Greife jetzt nach dem ausgewählten Detail, tauche ganz und gar darin ein. erfahre es, fühle es! Es ist wichtig, sich das wirklich so vorzustellen, es auch so zu empfinden, wie ich es dir hier sage. So wird sich für dich ein Ort öffnen, wo du noch weit mehr Informationen erhalten kannst.

Nehmen wir als Beispiel die Farbe Grün. Stell dir diese Farbe vor, ohne zu analysieren. Sag mir jetzt mal, was die Farbe als Allererstes für dich bedeutet.

Sie bedeutet für mich Wachstum, Veränderung.

Wenn jetzt also die Farbe Grün erscheint, dann weißt du, dass die empfangende Person eine Veränderung durchmacht, dass sie gerade einen inneren Wachstumsprozess erlebt. Du siehst diese Veränderung noch nicht, aber du fühlst sie bereits. Dann sagst du zum Beispiel: In deiner Schwingung nehme ich sehr stark wahr, dass das du gerade eine Veränderung in deinem Leben durchmachst.

Oder du sagst: Ich sehe die Farbe Grün, und die bedeutet für mich Änderung und Wachstum. Aber du kannst die Erwähnung der Farbe auch weglassen.

Und dann denk mal an eine Zeit in deinem Leben, wo du selbst einen wichtigen Wachstumsprozess durchgemacht hast. Welche Art von Wachstumsprozess war das? Ging es um Karriere? Oder um Beziehungen? Und dann kannst du beispielsweise sagen: Ich meine, es hat mit diesem (oder jenem) Lebensbereich zu tun.

Es könnte aber auch bedeuten, dass jemand aus deiner Familie, der gestorben ist, grüne Kleidung getragen hat. Ja, auch so etwas ganz Konkretes könnte die Bedeutung sein. Und dann könntest du die Botschaft für den Empfänger mit einer hervorstechenden Eigenschaft dieser Person in Verbindung bringen.

Sobald du aber versuchst, in der Farbe Grün einen verbindlichen Sinn zu sehen, wirst du nicht sehr weit kommen. Was du am Ende herausbekämst, wäre nur eine Farbe! Der Kniff ist, es einfach kommen zu lassen. Wenn du übst, dann bleib nicht still, sondern rede! Du sagst 100 Sachen zum Übungspartner, und keine davon stimmt. Aber das spielt erst einmal überhaupt keine Rolle. Warum? Weil du durch dieses ständige Sprechen den Informationsfluss förderst. Wie wenn du den Wasserhahn öffnest, um dem Wasser zu erlauben, durch den Gartenschlauch zu fließen. So entsteht ein fortwährendes Fließen, und die Verbindung wird stärker und stärker. Und genau darum geht es. Nicht um Beliebtheitswerte!

In der Medialität haben wir alle unseren eigenen, unverwechselbaren Prozess vor uns. Bei manchen dauert es ein Jahr, bei anderen einen Monat. Es braucht Zeit, und schon beim nächsten Mal wird es besser funktionieren.

Ich kann das Bild, das ich bekomme, also auch auf mich selbst beziehen und nicht nur auf die andere Person?

Ja, aber der Symbolismus, den Spirit hinter diesem Bild versteckt, der hat tatsächlich mit der anderen Person zu tun.

Also könnten wir beide was davon haben?

Ja, das passiert in der Tat sehr oft. Schau, hier halte ich einen Kugelschreiber. Aber nicht dieser Kugelschreiber ist jetzt deine Nachricht, sondern das, *was er für dich bedeutet*. Und *wie die andere Person dazu steht*, was du mit Kugelschreibern verbindest. So gelangst du zu der Botschaft, die Spirit zu überbringen trachtet. *Es geht nicht um den Stift an sich*. Langsam fängst du an, die Botschaft zu entschlüsseln. Am Anfang sind es Babyschritte: ganz so, wie du zu laufen begonnen hast. Aber wenn du weiter übst, wird es mit der Zeit automatisch.

Ich hatte Spirit gefragt, wie ich selbst empfange, und hatte den Gedanken, dass es visuell geschieht. Und in diesem Moment hatte ich das Gefühl eines Klopfens, das voll in den Solarplexus ging. War das die direkte Antwort?

Was glaubst du wohl? Natürlich ein dickes JA!

Horizontale und vertikale Kommunikation

Immer wenn zwei Menschen Nähe zueinander empfinden, kommt es zu einem Austausch psychischer Energie. Mitunter »lehnen« sie sich in diesen Energieaustausch und stellen eine so starke Verbindung her, dass man von einem spontanen telepathischen Kontakt sprechen kann. Wir hier wollen aber noch einen Schritt weiter gehen und über den Solarplexus bewusst eine Verbindung herstellen: Genau das ist dann Medialität.

Die Clairs sind unsere »Übersetzer«, die wir beauftragen, um Informationen aus dem psychischen Bereich zu empfangen. Dazu muss man wissen, dass sie sowohl auf einer horizontalen als auch auf einer vertikalen Ebene arbeiten.

- Wenn dir ein Wesen aus der Geistigen Welt begegnet, nennt man das »vertikale Kommunikation«.
- Wenn du aber eine Szene aus der Vergangenheit oder der Zukunft vor dir hast, kann es sich auch um horizontale Kommunikation handeln, an der die Geistige Welt *nicht* beteiligt ist.

Wenn die Geistige Welt sich dir dadurch kundgibt, dass sie dir eine unmissverständliche Antwort liefert, wer oder was es ist, womit du kommunizierst, dann kommt die Nachricht tatsächlich von Spirit.

»Das bin nicht ich, was hier spricht! Ich benutze hier nicht mein Gehirn!«

Eigentlich ist es nicht so schwierig, sich mit der anderen Seite zu verbinden. Schwierig wird es erst, wenn du in dieser (vertikalen) Verbindung länger und auch bewusst verbleiben willst. Normalerweise ist es so, dass man zwischen horizontaler und vertikaler Ebene immer wieder wechselt. Zu 100 Prozent vertikale Kommunikation herzustellen und aufrechtzuerhalten ist meiner Meinung nach für uns, in unserer Welt, unmöglich.

> → Die Clairs benutzen wir sowohl für die horizontale als auch für die vertikale Kommunikation. Eben deshalb nennen wir sie auch Multi-Level-Werkzeuge.

Wenn ihr zum Beispiel ein geistiges Wesen im Wortsinne seht, wird es vor eurem inneren Auge erstehen oder sogar mit physischen Augen wahrzunehmen sein. Auch könnte eine bestimmte Farbe hervortreten. Wenn eine Szene aus der Vergangenheit zu sehen ist, kann dieser Aspekt von dem geistigen Wesen kommen, es könnte sich aber auch um horizontale Kommunikation handeln.

Wenn beide Kommunikationswege sich während einer einzigen Sitzung abwechseln oder sich sogar überlagern, muss das nicht zum Problem werden, solange du unterscheiden kannst, was woher kommt. Ein Problem entsteht allerdings immer dann, wenn das nicht der Fall ist. Aber auch hier hilft die Erfahrung! Zunächst ist es nicht so wichtig, genau zu differenzieren. Hüte dich davor, ins Analysieren zu verfallen. Nimm es einfach so, wie es kommt. Bleibe im Fluss. Beide Informationskanäle liefern verlässliche Nachrichten.

Wenn wir die Clairs mit einem Kabel zwischen zwei Sendestationen vergleichen, kann der eine Teil der Information aus der einen, der andere Teil aus der anderen Station kommen. Was wiederum zur Frage führt, worauf beziehungsweise auf wen der Beteiligten sich die Information bezieht. Ein Teil davon kann von dir selbst kommen und ist nur für dich bestimmt. Andere Teile kommen ebenfalls aus deinem eigenen Feld, tragen aber eine Botschaft für den eigentlichen Empfänger in sich. Das heißt, sie müssen für ihn oder sie »übersetzt« werden.

Der Kern der Nachricht kann aus allen Teilen erschlossen werden. Es ist, wie wenn Teamsportler ihre Hände verschränken, um sich auf ihr Match einzuschwören. Insofern ist mediale Kommunikation mit telepathischer Kommunikation vergleichbar: Der Kern der Information, die übertragen wird, wird für alle Beteiligten da sein.

Merke!

→ Bei einer Information durch die Clairs kann ein Teil der Information aus eurer eigenen Welt stammen, ein anderer Teil aber von Spirit.

→ Ein Teil kann nur für dich relevant sein, ein anderer für die Person, für die du medial arbeitest. Beide Teile dienen ein und demselben Zweck: der Antwort auf die Fragestellung.

→ Damit du dich mit der Geistigen Welt verbinden kannst, musst du deine Energie über den Solarplexus hinaus ausweiten, sodass du aus deiner eigenen Energie herauskommst.

→ Dann sind es zwei Ströme, die fließen. Es geht ein Strom von dir zu Spirit und umgekehrt auch einer von Spirit zu dir.

→ So erlebst du das einzigartige Gefühl universeller Zugehörigkeit: das Gefühl, wirklich ein Teil von etwas zu sein, das unendlich größer ist als du selbst.

Unser Mantra ist: Was bedeutet das Symbol FÜR MICH?

Gerade wenn es um die Entschlüsselung der Symbole geht, sollten wir also in Betracht ziehen,

→ dass die Information durch jedes Clair zu uns kommen

→ und sich auf uns selbst und/oder unsere Klienten beziehen kann.

Was immer du auch erhältst, ob Bilder und Figuren, Farben, Empfindungen und Eindrücke über alle Sinnesorgane – im Grunde alles, was man landläufig als »kreative Imagination« bezeichnet: Achte stets auf deine eigene Empfindung, sowohl als Emotion wie als körperliche Empfindung. Ob es aus dir selbst stammt oder »herüberkommt«: Die fühlende und empfindende Erfahrung ist dein Kompass, weil von Bedeutung für die Beurteilung der Eingebung.

Dazu müssen wir das Symbol mit unserer eigenen Erfahrung in Verbindung bringen. Nur darum geht es – nicht um auswendig gelernte Bedeutungslisten. Die einzige Person, die medial empfangenen Symbolismus tatsächlich übersetzen kann, ist das Medium, bist du selbst! Natürlich kannst du die Führung eines anderen Mediums in Anspruch nehmen, um in diese Erfahrungswelt »hineinzuwachsen«. Das ist sogar sehr empfehlenswert. In der Praxis aber müsst du selbst entschlüsseln, worum es jeweils geht.

Immer wieder wird von Anfängern ein und derselbe Fehler gemacht. Sie fragen sich: Oh, was bedeutet das denn jetzt? Und dann fangen sie an, zu denken und zu analysieren. Ein weitverbreiteter Fehler! Warum aber tun sie das? Im Grunde nur deshalb, weil sie sich nichts zutrauen. Weil sie irgendwie der Meinung sind, dass das, was sie gesehen haben, keine Bedeutung hätte. Das ist grundfalsch! Wir alle haben diese intuitive Begabung, können Zugang zu unserer ureigenen intuitiven Sprache gewinnen. Anstatt drauf herumzudoktern, was dieses oder jenes wohl bedeuten mag, lass es doch einfach zu! Dann öffnet sich auch etwas. Sobald du in die Information emotional eintauchst, anstatt sie zu überdenken, wirst du umso mehr Informationen bekommen.

Sobald es mir in meinen Teachings zu sehr in die Richtung analytischer Diskussionen geht, rufe ich: Stopp! Jetzt sagt mir doch mal, was euch spontan einfällt, wenn ihr euch zum Beispiel eine Kuh vorstellt.

Da kommen dann Antworten wie:

- Heilig
- Gemütliches Tier
- Natur, Nahrung
- Mutterinstinkt
- Schweiz
- Ingwertee, Milch und Honig

Bei so etwas Persönlichem wie »Ingwertee, Milch und Honig« hake ich dann gern ein. In diesem Beispiel tritt die Kuh nicht als Stichwortgeber auf, um eines der üblichen Hornvieh-Narrative nachzuerzählen. Vielmehr ist die Kuh der Trigger für die Assoziation persönlicher, hier sogar sinnlicher Erfahrung, nämlich beim Trinken eines leckeren Tees. Genau solche spontanen Assoziationen sind es, die uns den Weg zur Intuition weisen – »ums Gehirn herum«, gewissermaßen.

Wenn du allerdings zu denken beginnst und nur Formgebungen abrufst, die dein Gehirn gespeichert hat, dann bist du noch nicht auf dem Weg zur Medialität.

Merke!

Spirit sucht ständig nach dem Trigger, um dir zu helfen, die Geistige Welt zu verstehen. Und je mehr du ganz absichtslos, ohne dein eigenes Konzept, dazu JA! sagst, desto größer und stärker wird die Verbindung werden.

WAS HÄUFIG AUFTRETENDE SYMBOLE DIR SAGEN WOLLEN

Seit nunmehr 17 Jahren unterrichte ich Medialität, und da bleibt nicht aus, dass mir manche Gemeinsamkeiten bei meinen Schülerinnen und Schülern auffallen. Zum Beispiel, dass sich bei Anfängern immer wieder eine gewisse Verzweiflung einstellt, wenn sie nicht gleich etwas »sehen« können.

Völlig unnötig!

Das Problem ist einzig und allein, dass wir in einer Kultur leben, die massenhaft optische Reize aussendet, um eine ins Äußerliche gerichtete Lebenshaltung zu fördern. Im Resultat führt das zu einer Höherbewertung visueller Wahrnehmung und der Visualisierungsfähigkeit. Nicht jeder aber ist ein visueller Typ! Statt es als Problem zu betrachten, wenn du keine inneren Bilder siehst, solltest du daran denken, dass unsere Clairs Informationen auf allen Wahrnehmungskanälen ermöglichen. Wenn du den Empfehlungen dieses Buches folgst, wirst du noch genügend Übungspraxis mit den nicht visuellen Clairs bekommen.

HÄUFIG AUFTRETENDE ZEICHEN UND SYMBOLE BEI DER ENTFALTUNG DER EIGENEN MEDIALITÄT

ANFANG

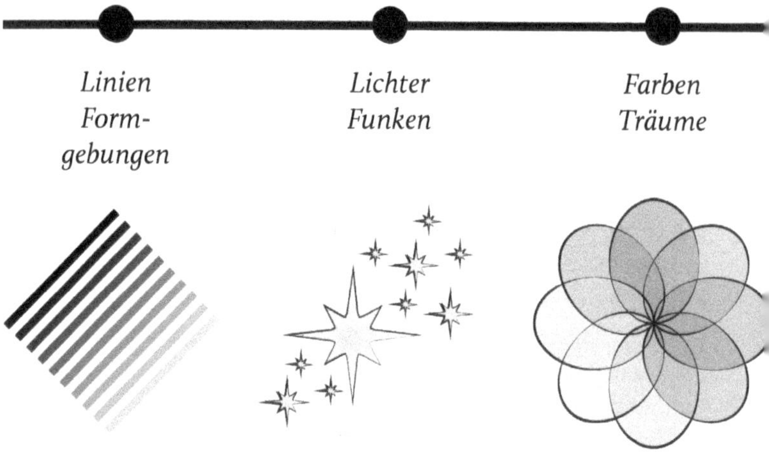

Schon jetzt aber – als Appetitanreger, um Lust auf die ganze Vielfalt der Erfahrungen zu machen – eine Skala der Eindrücke, wie sie bei der Arbeit mit deinen medialen Gaben auftreten kann:

- Du bekommst (auch in der Meditation) Linien und Formen zu sehen.
- Später kommen Lichter und kleine Blitze hinzu.
- Und Farben.

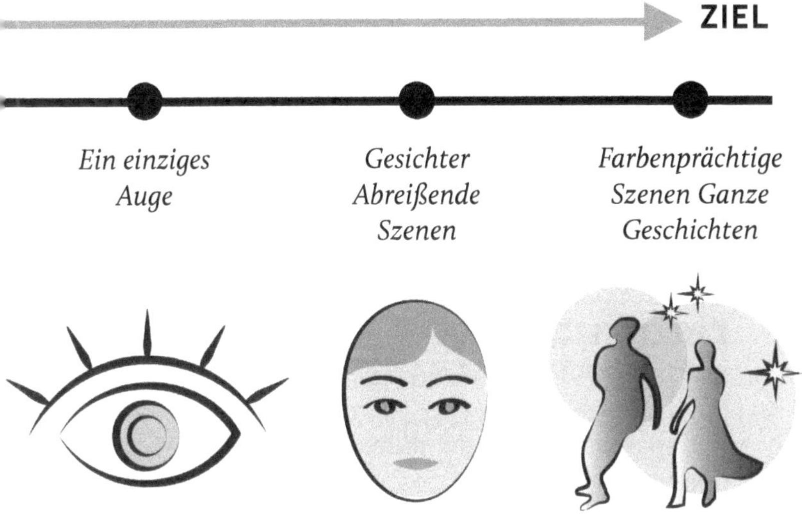

- Es werden dir Träume geschickt, mit Besuchen von der anderen Seite.

- Möglicherweise auch ein Symbol, das an ein Horusauge erinnert, wie auf altägyptischen Fresken zu sehen.

- Oder Gesichter, aus dem Zusammenhang gerissene Szenen, die dich emotional berühren.

Im Allgemeinen gilt: Dies ist eine Skala, auf der du dich nach oben bewegst, wie auf einer Treppe. Die nächsthöhere

Stufe schließt jeweils die Erfahrungen der tieferen Stufen ein. Wenn du also ganz oben angekommen bist, kann es trotzdem sein, dass du Linien siehst und Formen und Lichter, aber nicht umgekehrt.

Nur eben: All das ist nicht in Stein gemeißelt, sondern gedacht als mentales Geländer, an dem du dich entlanghangeln kannst.

Übung

KERZENLICHT ALS INFORMATIONSTRÄGER (1)

→ Bei allen Übungen dieser Art sollten Kerzen eingesetzt werden, die dank einer satten Flamme das gewünschte Farbspiel ermöglichen.

Zwei Personen, jeweils mit einer weißen Kerze, die auf Augenhöhe steht. Eine Person zündet ihre Kerze an und schaut ins Licht, und zwar genau dorthin, wo aus der blauen Flamme die gelbe wird. Tauche dein Bewusstsein dort ein. Dann gehst du mit der Aufmerksamkeit zum Solarplexus. Indem du ausatmest, dehnst du ihn ganz weit aus und umarmst mit seiner Energie dein Gegenüber. Bleibe auf das Licht konzentriert.

Nur gehe nicht aktiv dort hinein, um nach irgendwelchem Input zu suchen. Alles Willentliche bleibt außen vor. Vielmehr *erlauben* wir der Information, dass sie zu uns *kommt*. Sie kann sowohl aus der Flamme selbst stammen als auch aus dem Bereich um sie herum. Und natürlich auch einfach »da sein«, in dir selbst.

Auch wenn es nur eine kleine Sache ist, die zu mir kommt, so teile ich sie trotzdem sofort mit meinem Partner. Dabei höre ich nicht auf, weiter in die Flamme zu schauen. Und verbinde mich sehr wohl auch weiter mit meinem Solarplexus.

Die Flamme funktioniert wie eine Kristallkugel: Sie kann in oder an dem Licht wahrnehmbar werden. Sie kann Informationen direkt in deinem Geist triggern. Die Flamme gibt die Antwort.

Also: Erst schaue ich hin, dann verbinde ich mich mit dem Solarplexus, und dann tauche ich in das Licht ein.

Wir beachten bitte alles, was zuvor gesagt wurde. Also kein Denken und Analysieren! Alles, was zu mir kommt, spreche ich auch aus. Sagen wir, es ist ein Pferd, egal ob als Bild, als Geräusch, als Schwingung oder sonst wie. Dann sage ich genau das, und nur das: »Ich sehe hier ein Pferd.« – Und nicht: »Ich sehe ein Pferd, und verstehst du, was damit gemeint sein könnte?«

Sonst unterbrichst du die Verbindung!

Wenn die andere Person dann sagen sollte: »Ja, mein Vater hatte ein Pferd«, oder »Mein Ehemann hat Pferde geliebt«, dann schnappst du dir diese Information und gibst sie dem Licht wieder zurück. Schau dort nach dem Vater beziehungsweise Ehemann.

Es geht um Intention und Aufmerksamkeit. Hört sich kompliziert an? Ist aber ganz einfach, solange du nicht zu überlegen anfängst. Unterbrecht nicht die Verbindung – und das gilt für beide Seiten: Information – Feedback – Information – Feedback. Und immer so weiter. Du selbst schaust in die Flamme, auch wenn du mit dem Partner redest. Hört nicht auf, hinzuschauen!

Wenn deine Augen wehtun oder anfangen, so ein bisschen zu jucken, kannst du natürlich auch mal blinzeln und dir zwischendurch auch die Lider reiben. Danach geht es wieder direkt zurück zur Flamme.

Übung

KERZENLICHT ALS INFORMATIONSTRÄGER (2)

Wir haben wieder zwei Personen und nennen sie jetzt A und B. A wird anfangen und reden, B wird zuhören. Dann umgekehrt. Alle beide zünden jetzt ihre Kerze an. Sie haben nun das Bild eines verstorbenen Verwandten bei sich. Person B wird A mitteilen, mit wem sie sich gerne verbinden möchte, sagt aber nicht etwa »Papa« oder »Mama«, sondern nur den Vornamen des oder der Verwandten.

Nun also sind die Kerzen an. Person A dehnt sich über den Solarplexus aus und sucht sich mit dem geistigen Wesen von B – nennen wir es Christian – zu verbinden, indem sie wie beschrieben in die Kerze schaut. B hat das Bild von Christian bei sich und gibt wie gewünscht immer wieder Feedback.

Versucht herauszufinden, wie die herbeigerufene Person gestorben ist, welche Charaktereigenschaften sie hatte, was sie gern gemacht und welche Hobbys sie gehabt hat. Auch wenn ihr Informationen bekommt, die nicht zu diesem geistigen Wesen gehören, macht bitte trotzdem weiter. Macht weiter, aber kommt wieder zurück zur ursprünglich herbeigerufenen Person.

→ Es geht NICHT darum, herauszufinden, genau welches Verwandtschaftsverhältnis zur herbeigerufenen Person bestand. Vielmehr darum, herauszufinden, welche psychische Energie hier für die empfangende Person eine Rolle spielt, zum Beispiel, ob sie sich mütterlich, väterlich oder geschwisterlich anfühlt.

→ Für beide Übungen mit Kerze finden sich im Anhang Alternativen für einzeln übende Personen.

Merke!

WIE KANN ICH UNTERSCHEIDEN, WAS VON MIR UND WAS VON DER GEISTIGEN WELT IST?

~ Informationen der Geistigen Welt gehen mit einer (auch körperlich spürbaren) Empfindung einher und/ oder mit einer deutlichen Emotion. Dieses »Gefühl« kann dich tagelang begleiten.

- Oft ist es so, dass du nicht nur ein einziges, sondern gleich mehrere Symbole empfängst, jeweils begleitet von Empfindung beziehungsweise Emotion.

- Es kann wie ein Schwall über dich kommen, wie eine Kaskade oder ein Feuerwerk.

WIE ÜBERMITTLE ICH EINE BOTSCHAFT?

- Frage dich: Was bedeutet das Gesehene, Gehörte oder Gefühlte *für mich selbst*?

- Versuche nicht, allem einen Sinn zu geben, sondern gib es so preis, wie es kommt. Dein Gehirn wird sich sonst einmischen und versuchen, die Botschaft so zu formen, wie sie »sein sollte« oder sie dem anzupassen, was »üblich ist«.

- Bilde kurze Sätze. Halte Ausschau nach Feedback von der Person, der du die Botschaft übermittelst.

HÄUFIG GESTELLTE FRAGEN

Ich visualisiere nicht so gut oder gar nicht. Deshalb habe ich mich bei dieser Übung überhaupt nicht auf Bilder fokussiert. Dafür kamen Begriffe, Begriffe, Begriffe! Und das ziemlich flüssig und so treffend, dass ich jetzt noch innerlich wie am Zittern bin. Soll ich Visualisierung trotzdem weiter trainieren? Oder darauf vertrauen, dass mein Weg anders ist?

Denk noch mal an die Clairs: Du kannst etwas sehen, du kannst es hören, du kannst einfach etwas wissen. Wir werden von überall her stimuliert. Solange es für dich über Begriffe funktioniert, so lange macht es keinen Sinn, nach Bildern Ausschau zu halten, weil du dich damit nur blockierst. Also einfach schauen, was für dich funktioniert, und damit arbeiten.

Ich war ein bisschen irritiert von der letzten Übung, weil ich viele Bilder und Informationen bekommen habe, die aber überhaupt nicht gepasst haben. Und da frage ich mich, was sehe ich dort? Da war ein Bild, das hat sich wieder und wieder aufgedrängt. Also habe ich mich gefragt, ob sich da eine andere Energie reingeschoben hat, oder wen ich da eigentlich beschrieben habe.

Wenn du dich irritiert fühlst, kann es ein Weg sein, wieder in die Demut zu kommen und einfach noch mal von vorne anzufangen. Aber eigentlich spielt es gar keine Rolle, welche Bilder es waren und ob es mit der Person zu tun hatte. Es wird schon seinen Sinn haben, was da kommt. Eine andere Frage ist, ob die andere Person mit dem, was du hinüberbringst, in Resonanz gehen kann. Es können ja auch deine Wünsche sein oder deine Projektionen, die du auf sie projizierst. Und es kann sein, dass diese Person die Nachricht für den Moment nicht verstanden hat, sie aber im Nachhinein noch verstehen wird.

Es ist eigentlich sehr einfach: Wir üben *im Moment*, es kommt *jetzt* etwas herüber, und diese Botschaft überbringst du. Wenn es keinen Sinn macht, schiebst du es schlicht und einfach zur Seite. Lass es keinen Einfluss auf dich haben. Stell es dir so vor: Du hast eine Person vor dir, die gern Nudeln isst. Du hast aber einen Teller voll Reis für sie. Den will sie nicht, also schiebe ihn weiter – das nächste Gericht kommt bestimmt und, wenn es sein muss, auch noch das übernächste. Und wenn du weiter übst, wird am Ende genau das richtige Gericht dastehen.

Wie verhält es sich, wenn die Information sich nicht stimmig anfühlt, also sich nicht so anfühlt, als sei sie für die fragende Person da? Aber dann steigt diese Person trotzdem darauf ein. Soll ich dann meine Zweifel beiseiteschieben?

Informationen der Geistigen Welt, die wir für andere einholen, sind in erster Linie nicht für uns da, sondern für die anderen. Selbst wenn etwas auch uns betrifft, muss es in den Kontext der fragenden Person gestellt werden. Auf keinen Fall sollte man zu selbstkritisch sein. Es kommt immer wieder vor, dass Menschen, die den medialen Weg beschreiten, nicht mit sich selbst zufrieden sind. Ich denke, wir sollten ganz allgemein deutlich liebevoller mit uns selbst sein.

Es wird dir immer wieder geschehen, dass die eine Übung gut läuft und die andere nicht so gut. Im Kern geht es aber doch um die Erfahrung, die du dabei machst. Ich kann dir versichern, wenn du weiter übst, dann wirst du irgendwann erreichen, was du willst.

Das ist genau der Punkt. Ich muss einfach mit anderen üben können, denn ich kenne mich. Wenn es nicht funktioniert, dann höre ich auf. Ich brauche ab und zu eine Ermutigung.

Wenn du dieses Buch gelesen hast, erwirbst du die Berechtigung, dich für eine Erfahrungsgruppe zu bewerben, die nach meiner Methode arbeitet. Es spielt im Prinzip keine Rolle, ob man mit jemandem auf einem Bildschirm arbeitet oder vis-à-vis. Dort wirst du Feedback und Ermutigung bekommen!

Wenn ich mich mit meinen eigenen Ahnen verbinde – wie ist es dann mit denen, die jetzt wieder reinkarniert sind?

Die Frage der Wiedergeburt ist ein ganz eigenes Thema, das hier zu weit führen würde. Aber als Faustregel und aus eigener Erfahrung kann ich sagen, dass die Menschen, die du gekannt hast, nicht wieder inkarnieren werden, solange du hier bist. Und wenn, dann wären sie ja nicht in der Geistigen Welt. Also könnten sie von dort aus auch nicht mit dir kommunizieren. Normalerweise stehen sieben Generationen zwischen einer Wiedergeburt und der nächsten. Du kannst also in der Regel bis zu sieben Generationen vor dir medial ansprechen. Ausnahmen bestätigen aber auch diese Regel.

Ich habe, als ich Informationen bekommen wollte, nicht die verstorbene Person gesehen, sondern eine weibliche, zierliche Person, ein geradezu engelhaftes Wesen mit blonden, langen Haaren. Da hat die Person, für die ich in der Geistigen Welt gelesen habe, sofort mit dem Kopf geschüttelt. Also habe ich mir gedacht, ich frage halt dieses engelhafte Wesen, ob es mir weiterhelfen kann. Und dann habe ich als Nächstes tatsächlich die verstorbene Person gesehen.

Es wäre ideal, wenn alle Personen, für die wir in der Geistigen Welt lesen, es vorurteilsfrei akzeptierten, was wir dort für sie erfahren. Dem ist aber nicht so: erstens, weil die Wahrheit manchmal unbequem ist, und zweitens, weil viele Menschen nicht verstehen, wie mediale Kommunikation funktioniert. Mach dir einfach nichts draus. Versuche schon gar nicht, unbedingt auf etwas zu beharren. Wenn es sich später doch erweist, dass die Information bedeutungsvoll war, wird der Eindruck bei der adressierten Person umso größer sein.

Du selbst sollst wissen: Wenn wir uns mit der Geistigen Welt verbinden, können wir auf ganz unterschiedliche Wesen treffen. Da haben wir Engel, wir haben Erzengel, wir haben geistige Führer. Meine Vermutung ist, dass du unbewusst über deine geistigen Führer gearbeitet hast und dass es sogar einer deiner Hauptführer war.

Bei manchen Medien ist es so, dass immer erst ein geistiger Führer erscheint. Er oder sie sucht dann das geistige Wesen, das angesprochen werden soll. Möglicherweise ist das genau die Art und Weise, wie du arbeiten sollst. Deshalb achte genau darauf, ob es wieder passiert. Ob – und wenn ja, inwieweit – du den Kontakt zu deiner Führung mit der Person teilst, für die du liest, musst du selbst entscheiden.

Sich mit Spirit verbinden – und sich wieder erden

Wer sich selbst – und womöglich oft – mit der Geistigen Welt verbindet, sollte unbedingt auch wissen, wie er sich wieder so weit von dieser Erfahrung distanzieren kann, dass seine irdische Existenz nicht beeinträchtigt wird. An dieser Stelle sei noch einmal deutlich auf das hingewiesen, was weiter oben zur Erdung gesagt wurde. Insbesondere wenn du beginnst, für andere Menschen medial zu arbeiten, wird dies umso wichtiger. Du weißt bereits, dass Erdung, ausreichend Schlaf und gesunde Ernährung dir sehr helfen werden, deine diesbezüglichen Aufgaben erfüllen und doch selbst mitten im Leben zu stehen.

Tipp

- Bevor du dich verbindest, sprich ein Gebet. Und fasse eine klare Intention, die du ans Universum sendest. Das unterstützt dabei, dein rationales Gehirn stumm zu schalten, denn damit sagst du ihm: Hör zu, es ist das, was ich jetzt mache, und so lange bist du jetzt einfach mal still.

- Lass dich von deiner eigenen Vorstellungskraft tragen: Deine Aufmerksamkeit öffnet sich, wie ein Pfau sein Federkleid auswirft – wunderschön und nach allen Richtungen hin sichtbar.

- Dann gehst du mit deiner Aufmerksamkeit zu deiner Atmung, aktivierst deinen Solarplexus und »sitzt« in deiner Energie.

- Wenn du fertig bist, gönn dir ein abschließendes Gebet oder zumindest einen abschließenden Satz. Falls du eine Kerze entzündet hast, pustest du sie jetzt aus.

- Um dich anschließend zu erden, kannst du Zuckriges oder Salziges essen.

- Und eine Dusche nehmen. Ja, ich meine eine richtige Dusche. Also mit echtem Wasser, keine Imagination! Steh unter der Dusche und erlebe das Gefühl, wie das Wasser alles abwäscht und dass es wieder zurückfließt zur Erde.

- Manche Leute haben das Gefühl, sich selbst vor der Geistigen Welt beschützen müssen. Dazu ist ganz prinzipiell zu sagen: Wenn du dich in bestimmte Bereiche hineinwagst, dann werden dort auch bestimmte Türen für dich aufgehen. Und dein Gehirn kann die Realität, die du gerne sehen möchtest, selbst auch produzieren! Mach dir also immer wieder klar: Gleiches zieht Gleiches an. Meiner Meinung nach gibt es absolut keine Notwendigkeit, sich vor bösen Dingen beschützen zu müssen. Wir haben doch einen natürlichen Schutz: unsere Aura.

- Und vergiss nicht: Die Geistige Welt ist immer bereit zu helfen.

TEIL 2

Tiefer gehen

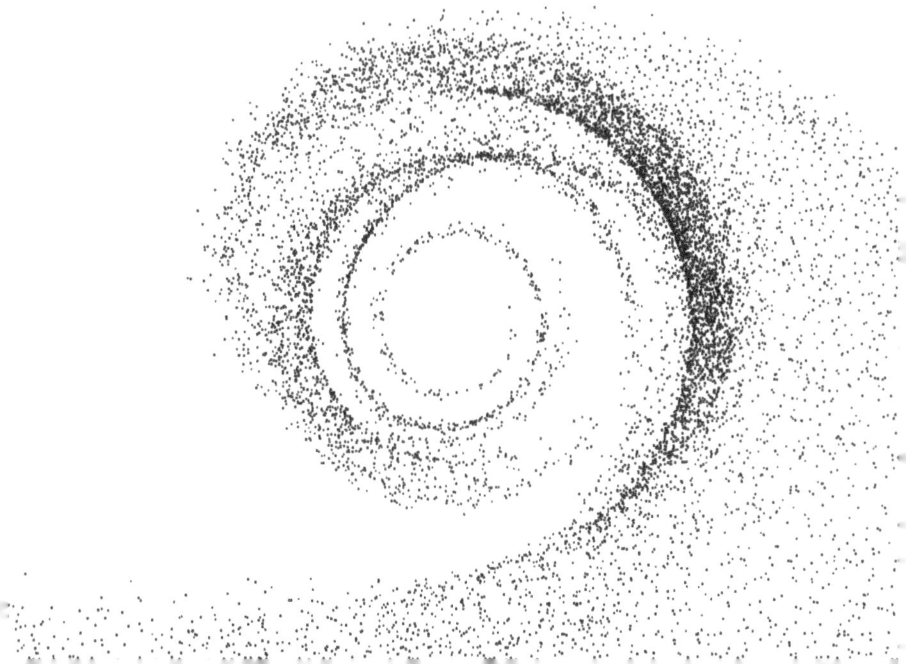

Geh deinen eigenen, einzigartigen Weg!

Jede Person ist einzigartig!

Wir alle haben unseren eigenen Werdegang – auch unseren eigenen Prozess mit Spirit. Er führt uns tiefer und tiefer, obwohl wir in einem menschlichen Körper leben. Vergleiche dich nicht mit anderen. Geh deinen eigenen, einzigartigen Weg.

Viele versuchen, die Geistige Welt wie mit physischen Augen zu sehen, und zwar im ganz wörtlichen Sinn, so als würden sie Filme oder Fotos anschauen. Natürlich gibt es »visuelle Typen«. Aber nicht alle von uns sind visuell besonders begabt. Botschaften von Spirit empfängt man auch anders. Es ist nicht so wie mit normalen, physischen Augen. Es ist viel, viel subtiler.

Und wie geht man tiefer und tiefer? Durch Hingabe. Hingabe weckt innere Kräfte. Und versüßt die notwendige Übung. Zu sprechen haben wir ja ebenfalls nicht an nur einem einzigen Tag gelernt. Ebenso wenig Autofahren und Schreiben. Wenn es also einmal nicht sofort klappt, denke bitte nicht, dass du dich nicht weiterentwickeln kannst.

Es geht immerhin darum, unser Gehirn anders zu beschäftigen, als es gewohnt ist. Vor allem darum, ihm beizubringen, dass es nicht ständig automatisch in Dinge eingreift, mit denen unser Bauch viel, viel besser arbeiten kann. Um exakt zu sein: in Dinge einzugreifen, mit denen *allein* unser Bauch arbeiten kann. Die Neurowissenschaft bestätigt es!

Es ist sehr wohl möglich, unser Gehirn vorübergehend in den Stand-by-Modus zu versetzen. Es wird seine Kontrolle zunächst nicht ganz freiwillig aufgeben wollen. Wer wollte das schon? Aber du kannst es schaffen. Und der Lohn wird gewaltig sein: eine ungekannte, beglückende Erweiterung deines Wahrnehmungsspektrums, die Erkundung und Nutzung der ganzen Tiefe spiritueller Erfahrung.

Ich unterrichte eine große Zahl von Menschen unterschiedlichster Art, in verschiedenen Erdteilen. Bisher habe ich noch niemanden erlebt, der nicht in der Lage war, in Kontakt mit Spirit zu gehen. Die einzige Voraussetzung: Du solltest dich nachhaltig darum bemühen.

Also sei liebevoll zu dir selbst, wenn es einmal nicht voranzugehen scheint. Sei geduldig und achtsam, auch mit dir selbst.

TIEFER GEHEN MIT SPIRIT: UNSER PROGRAMM

- Die Ebenen der Wahrnehmung von Spirit erkennen und nutzen
- Eine stabile Drei-Wege-Verbindung mit Spirit aufbauen
- Erkennen, welches geistige Wesen mit uns spricht
- Die Ahnenlinie und ihre Geheimnisse erforschen
- Seelenverträge erkennen und daraus resultierende Probleme heilen

HÄUFIG GESTELLTE FRAGEN

Meine größte Schwierigkeit ist, dass ich den Kopf nicht frei bekomme. Ich kriege die Gedanken nicht raus. Früher habe ich nur die Augen zugemacht und schwarze Himmel mit viel Licht gesehen. Jetzt kommt etwas anderes, viel Banales und Alltägliches.

Ich würde dir empfehlen, dass du mehr meditierst und mehr Zeit in der Natur verbringst – ohne Handy und ohne Musik.

Aber das habe ich alles schon ausprobiert. Wenn ich mich zum Meditieren hinlege und mich auf das konzentrieren will, was du uns beigebracht hast, fallen mir sofort wieder andere Sachen ein.

Als Erstes rate ich dir, dass du dich beim Meditieren nicht hinlegst, sondern hinsetzt. Weil dein Gehirn sonst denkt, dass du gleich einschläfst. Es kennt den Unterschied nicht. Um die Gedankenmaschine zum Stillstand zu bringen, kannst du zu simplen motorischen Übungen greifen: Du bewegst deine Finger, reibst deine Hände, spielst mit einem Stift, seiner Kappe oder nimmst eine Münze in die Hand – und bewegst diesen Gegenstand die ganze Zeit in deinen Händen. Nonstop, ganz automatisch. So kommt deine Intuition ins Spiel, sie erhält freie Bahn, weil das motorische Gehirn beschäftigt ist und nicht mehr dazu kommt, in deine Assoziationen einzugreifen.

Ich möchte nochmals wissen: Warum ist es so wichtig, sich zu erden? Und was passiert, wenn man nicht genug Erdung hat? Kann man sich denn überhaupt zu viel erden? Und gäbe es da auch Gefahren?

Es ist wichtig, sich auch bei der Erdung auf eine eigene Routine verlassen zu können, weil Routine Stabilität und Balance herstellt. Nur wenn wir gleichermaßen mit Himmel und Erde verbunden sind, können wir, als materiell gebundene Wesen, uns tatsächlich mit der Geistigen Welt verbinden.

Um es im Sinne des Chakra-Systems auszudrücken: Wenn dein Bewusstsein einseitig im sechsten und/oder siebten Chakra weilt, kannst du buchstäblich deine Verbindung zur Realität verlieren. Ich selbst musste leider zu viele Menschen sehen – und zum Teil waren es wirklich sehr gute, sogar sehr bekannte Medien –, die aufgrund mangelnder Erdung eine psychotische Episode erlitten. Eben weil sie die Realität der menschlichen Welt nicht mehr angemessen zu erfassen in der Lage waren.

Aber kann man auch zu sehr geerdet sein? Ja, man kann. Es ist eine Frage der emotionalen Anhaftung an die materielle Seite unseres menschlichen Daseins. Du würdest es spüren, indem du die Verbindung mit der Geistigen Welt wieder verlierst. Dann käme für dich die Arbeit am sechsten und siebten Chakra infrage, um dein persönliches Gleichgewicht wiederzufinden.

Noch mal zur Reinkarnation bitte. Wie hat man sich diesen Zyklus vorzustellen?

Also, ich sehe das anders als zum Beispiel der Buddhismus. Denn ich erfahre aus der Geistigen Welt etwas anderes. Was ich erlebe, ist, dass dort Seelenfamilien aufeinander warten und sich entscheiden, zusammen zurück zur Erde zu kommen. Eben weil sie spirituell eine Familie bilden und deshalb auch gemeinsam ihre jeweiligen Lektionen lernen müssen.

Medialität: High End geistiger Wahrnehmung

Spirit ist nicht auf die Erde beschränkt. Spirit durchwirkt und belebt alle Welten im Kosmos.

– ALLAN KARDEC (1804–1869) –

Unserer vertieften Praxis steht das Zitat eines Vaters des modernen Spiritualismus voran. Er lässt uns damit wissen, dass es unterschiedliche Ebenen von Spirit gibt und demzufolge für die Wahrnehmung der Geistigen Welt unterschiedliche Wahrnehmungskanäle offenstehen. Sie alle können Informationen liefern – wobei die persönliche Erfahrung durchaus »sinnlich« im Sinne von »direkt und unmittelbar« sein kann und sein sollte.

Medialität ist gewissermaßen das High End unserer Empfangsbereitschaft, weil sie am weitesten und tiefsten in die Sphären der Geistigen Welt reicht. Man könnte auch sagen: Was in einem unserer Hochhäuser das Penthouse ist, das stellt in der Wahrnehmung der Geistigen Welt die Medialität dar: jenen Ort, wovon man den besten Ausblick überallhin hat und auch Zugriff auf alles, was es im Haus selbst gibt.

Wer sich zum Medium entwickeln will, sollte sich fragen: Wo stehe ich selbst mit meinen intuitiven Talenten? Was sind meine Stärken, meine mitgebrachten Gaben? Es gilt, möglichst rasch zu erkennen, wo ich ansetzen und wie ich mich am besten weiterentwickeln kann. So bekommen wir von Anfang an die Chance, ermutigende Ergebnisse zu erzielen.

SCHICHTEN ODER EBENEN IN DER WAHRNEHMUNG

Stelle dir deine Wahrnehmungsfähigkeit vor wie eine Matrjoschka, also wie eine dieser traditionellen russischen Puppen, die im Inneren weitere, kleinere Puppen enthalten. Jede dieser Puppen wäre in unserem Vergleich eine besondere Empfangsschicht – mit einer Reichweitengröße von innen (körpernah) nach außen (bis kosmisch).

Medialität ist das Ziel! Dorthin bewege ich mich nach und nach, also durch alle Schichten hindurch, indem ich an meinen Gaben arbeite. Sobald die mediale Stufe erreicht wird, ist es nicht mehr möglich, eine meiner einmal erworbenen Fähigkeiten wieder zu verlieren.

Praktisch jede(r) weiß heute, was die ***Aura*** ist: ein Feld, auch ein Schild von Energie, das uns umgibt. Wichtige Ereignisse aus der Vergangenheit, aber auch aus der Zukunft eines Menschen werden dort gespeichert – egal, ob sie von ihm selbst als gut oder schlecht empfunden werden. Es hinterlässt eine Markierung in der Aura, und wenn wir in der Präsenz einer anderen Person sind, können wir sie bei ihr sensitiv erspüren. Auch die kleinen Chakren in euren Händen können diese Information »lesen«. Genau das ist der Grund, warum viele Menschen, die als Heiler arbeiten, dank ihrer Hände vieles mitbekommen und bewirken können.

Auch bei der ***psychischen Wahrnehmung*** geht es *nicht* um die Geistige Welt, sondern darum, dass meine Psyche mit deiner Psyche in Verbindung steht. Ich selbst bin es also, der sich mit dir verbindet. Es ist mein »intuitiver Muskel«, der das bewirkt. Auch damit kann ich dir Botschaften überbringen, sie ermangeln jedoch meist der genauen zeitlichen Einordnung. Ich kann nicht mit Bestimmtheit sagen, ob es aus deiner Vergangenheit stammt oder in der Zukunft liegen wird. Eher geht es um Qualitäten, um Fähigkeiten, Neigungen und Charakterzüge.

Auf der Ebene der ***Hellsichtigkeit*** geht es wirklich um Kontakt mit Spirit, und zwar über visuelle Informationen. Ab dieser Ebene wird es möglich, die aus der Geistigen Welt erteilten Informationen nach zukünftigen und vergangenen Ereignissen zu differenzieren. Das gilt auch für die ***nicht vi-***

suellen Clairs, die zur selben Empfangsschicht gehören: Sie sind ebenfalls »hellseherisch« im landläufigen Sinn. Doch kommen dabei nicht visuelle Eindrücke aus der Geistigen Welt ins Spiel, und zwar ebenfalls als akkurate und spezifische Informationen – nur eben nicht mittels des (inneren) Auges.

Auf der Ebene der ***prophetischen Gabe*** können wir Ereignisse der Zukunft nicht nur erkennen, sondern uns geistig selbst auch in die Zukunft bewegen. Als wenn wir tatsächlich dort sein könnten! Somit können wir auch Informationen übermitteln, die für größere Gruppen oder die gesamte menschliche Gemeinschaft bedeutsam sind. Zudem wird die Erkenntnis des physischen Körpers verbessert. Wir können in ihn hineinschauen und beispielsweise erkennen, welches Organ nicht optimal funktioniert. Auf dieser Ebene kommen oft auch Träume und Visionen ins Spiel.

Letztendlich gelangen wir zur Ebene der ***Medialität***. Hier zeigt sich dann die Geistige Welt als solche. Geistige Wesen liefern eindeutige Beweise, wer sie sind und welche Aufgaben sie ausüben. Spirit selbst verkehrt also mit uns. Das Medium ist hier im ursprünglichen Wortsinn ein »reiner Kanal«.

Merke!

Erinnern wir uns nun nochmals an die horizontale und die vertikale Kommunikation. Und daran, dass zwischen beiden hin und her gewechselt werden kann. Wenn du also ein Medium bist und deine Informationen deshalb aus jeglichem der oben beschriebenen Wahrnehmungswege stammen können, dann sollte dir bewusst sein, dass alles sich auch miteinander vermischen kann. Während das Medium den Solarplexus ausdehnt, ihn nach außen »schiebt«, durchmisst es alle Wahrnehmungsschichten.

HÄUFIG GESTELLTE FRAGEN

Wie ist es, wenn ich gar nicht um eine Information bitte, sondern wenn sie einfach kommt?

Das bedeutet schlicht, du hast die Fähigkeit, diese Information zu empfangen. Du bist in Resonanz mit dieser Informationsebene. Vielleicht gibt es jemand auf der anderen Seite, der möchte, dass du die Information erhältst. Erinnere dich: Du selbst hast die Kontrolle! Wenn du der Geistigen Welt mitteilst, wann und wie sie zu dir Kontakt aufnehmen soll, dann wird sie das respektieren. Falls du also wirklich einmal Informationen erhältst, von denen du nicht weißt, was du damit anfangen sollst oder über die du nicht so ganz glücklich bist, dann sagst du Spirit ganz einfach, dass all das nicht in deinem Sinne ist. Und teilst mit, wie und wann du diese Informationen erhalten möchtest.

Ich war sehr erstaunt über diese unerwarteten Informationen.

Ach! Damit erzählst du in einem einzigen Satz die Geschichte meines eigenen Lebens ... Sind wir medial veranlagt, dann wirkt das in der Geistigen Welt wie eine Glühbirne, die in tiefer Nacht angeht. Man wird von dort aus immer wieder zu dir kommen, aus welchem Grund auch immer. Medialität gehört offenbar zu dir: *Es ist, was du bist.* Du *musst* es nicht nutzen, aber vielleicht *wirst* du es nutzen, weil du sonst so empfinden würdest wie ein Vogel, dem jemand sagte: Hör auf zu fliegen! Es kann dir beim Zahnarzt passieren. Oder im Supermarkt. Überall. Wenn du es aber nicht willst, mach es einfach so, wie oben beschrieben.

Woher kann ich wissen, ob das Bild oder die andere Wahrnehmung, die ich bekomme, nicht aus mir selbst kommt, sondern dass sie mir übermittelt wird?

Also, wenn es von dir selbst kommt, dann siehst oder empfindest du es ohne innere Regung – und danach ist es auch schon wieder weg. Es ist flüchtig und kommt ohne dauerhaftes Gefühl. Wenn aber wirklich etwas übermittelt wird, verspürst du seelische und/oder körperliche Empfindungen, die auch für eine Weile bleiben.

Die »Drei-Wege-Verbindung«

Um ein Medium zu sein, müssen wir präzise wissen, wie wir die Verbindung mit der Geistigen Welt herstellen können. Aufbauend auf unseren bisherigen Erfahrungen, werden wir jetzt unsere vollständige Methode kennenlernen. Ich nenne sie die »Drei-Wege-Verbindung«. Wir verwenden

- das Kronenchakra als Nahtstelle zur Geistigen Welt,
- das Areal um den Nacken als Empfangsschirm
- und den Solarplexus, um unsere Energie nach außen hin auszudehnen und uns mit der Geistigen Welt zu verbinden.

Um das Verfahren möglichst klar und deutlich darzulegen, ist auf der gegenüberliegenden Seite eine beschriftete Grafik angebracht. Und so wird die Drei-Wege-Verbindung aufgebaut:

Als Erstes öffnen wir unser Kronenchakra, sodass es nach oben hin als weißes Licht erstrahlt. Stell dir vor, dass eine Säule reinen weißen Lichts von deinem Nacken durch den Kopf nach oben ins Kronenchakra aufsteigt wie auf einer Leiter. Über diesen Strahl verbinden wir uns mit der höchsten Ebene des weißen Lichts. Das stellt die Verbindung zur Geistigen Welt her und erhält sie aufrecht.

Um den Nacken herum ist unser Eingangstor für den Empfang – bei den meisten Menschen befindet es sich mehr zur linken Körperseite hin. Wir öffnen das Tor, indem wir uns vorstellen, dass es sich ausklappt wie ein Schirm oder wie wenn ein Pfau seinen Federschwanz ausfächert.

Kronen-Chakra
Öffnet sich und hält
die Verbindung zu Spirit

Nacken
Empfangsstation für
Informationen. Hier muss die
Aufmerksamkeit verweilen

Solarplexus
Verbindung zum Empfänger
der Übermittlung. Emotionen
und Empfindungen: die
»wahrhaftige« Verbindung

Dann lassen wir diese Vorstellungen los und fokussieren auf den Solarplexus: Wir drücken und schieben seine Energie nach vorn. Das müssen wir gar nicht visualisieren. Es reicht völlig aus, zu empfinden, wie dieses Energiefeld immer weiter und breiter wird. So, wie wenn wir die Hose vom letzten Sommer anziehen wollen, die uns eigentlich nicht mehr passt, wir aber trotzdem versuchen, sie zusammenzubekommen. Wir quetschen alles zusammen, was wir haben, »bis der Knopf fällt«.

Dabei kannst du dich mit dem Atem unterstützen, indem du tief ein- und ausatmest. Dabei nur immer den Solarplexus nach vorn drücken! Das heißt nicht, dass du immerfort schnaufen musst: wenn, dann bitte nur anfangs. Danach vergessen wir den Atem schlicht und einfach. Nur wenn ich während der Sitzung das Gefühl habe, dass ich nicht mehr verbunden bin, stütze ich mich wieder bewusst auf ihn. Das sollte dann aber sofort geschehen.

Sei dir immer gewahr, dass du den Solarplexus offen hältst! Sonst kommst du womöglich wieder zurück in dein normales Bewusstsein, oder du kehrst wieder auf die Stufe des psychischen Sehens (zweite Stufe) zurück.

Während der ganzen Zeit halten wir auch unsere Empfangsbereitschaft am Genick weit geöffnet. Geh mit deiner Aufmerksamkeit hin und wieder auch dorthin, ebenso wie zum Lichtstrahl über dem Kopf. Dieser schafft die Verbindung zu den oberen Welten. Sie muss ebenfalls stehen.

PRAKTISCHE HINWEISE, AN DIE DU DICH STETS ERINNERN SOLLTEST

→ Die Geistige Welt versteht jede Sprache. Wichtig ist, dass DU ihre Sprache verstehst.

→ Sei dir der verschiedenen Clairs gewahr. Es geht nicht immer darum, visuell wahrzunehmen.

→ Vergessen wir niemals unser Mantra: Was bedeutet ein Symbol, eine Erscheinung (gleich welcher Art) *für mich?*

→ Ist mir die Situation oder das gezeigte Objekt schon einmal begegnet? Wenn ja, wann und – vielleicht – mit wem? Wie habe ich mich da gefühlt?

→ Wenn es nicht zu mir selbst zu passen scheint, was ich sehe, fühle, höre oder auf andere Weise wahrnehme, dann frage ich mich: Steht es in Bezug zu Freunden oder Familie? Welche Wirkung hatte es? Wie wurde damit umgegangen?

→ Ganz wichtig: Versuch nicht, mit der logischen Gehirnhälfte Bedeutungen zuzuschreiben!

→Halte dich nicht an einer einzigen Information fest. Sprich sie einfach aus – so, wie sie zu dir kommt, auch wenn sie sich nicht richtig oder adäquat anfühlt. Wenn sie wichtig ist, wird sie auch bleiben wollen.

→ Wir geben alles durch, was kommt, gleich welcher Wahrnehmung: Farbe, Körperempfindung, Gefühl, Bild, Erinnerung, Schwingung, Temperatur – jedwede Veränderung. Alles!

→ Sobald du eine Information zurückhältst, bewegst du dich von der Quelle weg. Sobald du lange Pausen lässt, wo nicht gesprochen wird, klinkt sich das Gehirn ein und wird die Nachricht manipulieren. Lass es nicht zu, damit du dich nicht irgendwann frustriert abwendest!

EIN BEISPIEL FÜR DEN »FEUERWERK-EFFEKT«

Ich sehe die Farbe Blau. Jetzt ist mir plötzlich kalt. Und dann sehe ich Gleise. Während ich alles nacheinander mitteile, stelle ich mir die Frage: Was bedeutet das für *mich*? In welcher Verbindung stehe *ich* mit dem, was ich bekomme? Oder der, für den ich lese? Oder sonst jemand anders?

Oder ich sehe beziehungsweise fühle jemand, der sich gern schick gemacht hat: Nun ist es aber nicht besonders wichtig, herauszufinden, ob sein Hemd vier oder sechs Knöpfe hat, oder ob es grau, grün oder braun ist. Wenn du sehr genau zu sein versuchst, kann es leicht sein, dass dein Gehirn sich einschaltet. Bleibe also bei den Informationen, die du tatsächlich erhältst. Du bekommst die Nachricht – und du überlieferst sie. Das war's!

HÄUFIG GESTELLTE FRAGEN

Bitte erkläre nochmals die Sache mit der Bedeutung von Informationen. Was kommt für mich infrage und was nicht?

Ich sehe, sagen wir: einen Holzofen. Gleichzeitig ist mir sehr warm und ich höre Kinder spielen. Schließlich rieche ich Apfelkuchen. Das ist ziemlich viel auf einmal, oder? Ich nenne es den »Feuerwerk-Effekt«, und damit gilt es umzugehen, um nicht durcheinanderzukommen. Das Wichtigste ist: Nimm dir nicht alle Informationen gleichzeitig vor. Teile zum Beispiel nur mit: »Ich habe hier einen Holzofen.« Dabei fragst du dich: Hatte ich jemals selbst einen solchen Ofen? Und wenn ja, was bedeutete er für mich? Das sprichst du dann ebenfalls aus.

Und wenn ich selbst keinen solchen Ofen hatte, kenne ich dann vielleicht jemanden, der einen solchen hat oder hatte? Falls ja, kann ich mich fragen: Was hat er oder sie damit gemacht? Auch für die Person, der ich die Nachricht überbringe, kann dies wichtig sein. Wichtig ist, herauszufinden, wofür die Information jetzt stehen kann. Dabei kann dir das Feedback deines Gegenübers helfen.

Oder ihr geht beide einfach weiter, zur nächsten Nachricht. Dann wählst du die Kinder – und stellst dir die gleichen Fragen. Vielleicht bist du derjenige, der auf sie aufpasst? Vielleicht aber auch derjenige, der sie hat oder hatte? Oder vielleicht bist du selbst ein Kind, das gespielt hat? So gehst du nach und nach vor, um nicht vom Feuerwerk geblendet zu werden.

Und immer aufs Feedback des Empfängers achten!

Das eben ist der richtige Umgang mit dem Feuerwerk-Effekt, wo vieles auf einmal erscheint. Leider kann man nicht auf alles sofort und komplett zugreifen, geschweige denn, es festhalten. Also fokussiert man sich auf eins davon, nimmt sich erst dieses vor, und alles andere darf zunächst einmal gehen. Was wichtig ist, wird schon noch wiederkommen!

In letzter Zeit erscheint vor meinem inneren Auge immer wieder eine Art Nebelwolke, in der Symbole heruntergeladen werden. So fühlt es sich für mich an, aber ich kann überhaupt nichts damit anfangen. Es erinnert mich daran, wie auf dem Bildschirm eines Computers Schriften herunterlaufen. Aber es sind nicht nur Schriften, sondern auch Symbole.

Hast du damit einhergehend auch Emotionen und körperliche Empfindungen?

Ja und nein. Ich stehe staunend davor und denke: Was ist das?

Tatsächlich sind Visionen dieser Art heutzutage weit verbreitet. Wir werden noch darauf zu sprechen kommen, wie unser jeweiliges kulturelles Umfeld sich auch ohne unser Zutun auf unsere persönliche Symbolwelt auswirkt. Möglicherweise bist du visuell orientiert. Denn tatsächlich ist es so, dass du da Informationen herunterlädst. Du bist mit Spirit in Kontakt und erhältst Informationen, auch wenn du jetzt nichts damit anfangen kannst.

Bedenke bitte: Sobald du der Geistigen Welt einmal die Tür aufgemacht hast, kannst du sie nicht wieder schließen! Das ist einer dieser Nebeneffekte, die es zu beachten gilt. Spirit möchte auf sich aufmerksam machen, möchte dich unterstützen, möchte bei dir sein. Irgendwann wird die Verbindung so automatisch, dass du es einordnen kannst: hier vielleicht als eine Art Update, wie du es auch auf deinem Computer fährst. Wenn es dir nochmals passiert und dich unruhig macht, dann sage: Okay, ich hab's wahrgenommen, aber jetzt passt es halt grad nicht.

Übung

WASSER ALS INFORMATIONSTRÄGER

Um das soeben Gelernte ohne Umschweife anzuwenden, hier die erste Anwendung der Drei-Wege-Verbindung. Eine korrespondierende Einzelübung findest du im Anhang.

Wir brauchen dazu eine verschlossene Glasflasche ohne Etikett, die bis etwa zu einem Viertel mit Wasser gefüllt ist. A wird für B in der Geistigen Welt lesen. Ihr wechselt nach 20 Minuten.

A nimmt die Flasche in beide Hände und hält sie sich vor Augen. Wenn euch das zu anstrengend werden sollte, könnt ihr die Ellbogen auf dem Tisch abstützen und mit eurem Kopf ein bisschen heruntergehen, sodass die Flasche auf Augenhöhe bleibt.

Dann stellst du die Drei-Wege-Verbindung her, wie beschrieben, triggerst also dein Kronenchakra, dein Nackenareal und deinen Solarplexus. Steht die Verbindung, beginnst du die Flasche langsam zu bewegen: und zwar in Art einer dreidimensionalen Ellipse: gleichzeitig rauf und runter sowie vor und zurück. Diese Bewegung ähnelt dem Symbol der Unendlichkeit – der »liegenden Acht«. Dabei gibt es zwei Dinge, die dich unterstützen: die rhythmische Bewegung von Wasser und Flasche sowie die Geräusche, die das Wasser macht. Das wird dir helfen, in die Energie der Empfänglichkeit zu kommen.

Manchmal, wenn etwas gefühlt wird, hat man den Impuls, aufzuhören, die Flasche weiter zu bewegen. Das ist okay. Danach machst du aber gleich damit weiter. Und wende den Blick nicht ab, bleibe in der Energie der anderen Person.

Was du bitte *nicht* machst: die Flasche einfach nur rauf und runter zu bewegen, sie zu schütteln oder heftig zu bewegen. Es geht um eine möglichst gleichmäßige Bewegung. Dabei soll das Wasser jeweils auf den Deckel und den Boden fallen und ein leichtes Geräusch erzeugen. Wird die Flasche nicht genügend bewegt, oder falls zu sehr gerüttelt wird, kann es nicht funktionieren.

Das Bewusstsein bleibt derweil beim Solarplexus, und alles zusammen wird ein hypnotisches Gefühl erzeugen.

Diese Übung bewirkt, dass wir an verschiedenen Clairs gleichzeitig arbeiten. Wir könnten sowohl im Wasser selbst als auch in seiner unmittelbaren Umgebung »sehen« beziehungsweise von dort eine andere informative Wahrnehmung erhalten. Es ist allerdings wichtig, die ganze Zeit auf das Wasser zu schauen. Aber nur mit »weitem Blick«, also ohne klar zu fokussieren. Das erleichtert den Empfang jeglicher Information, gerade auch solcher von nicht visueller Art.

Sei spielerisch! Sei spontan! Und sprich alles aus, was zu dir kommt, auch wenn es wie zufällig erscheinende Worte sind. Aber stelle die Flasche bitte nicht zur Seite, weil du denkst, es sei so wichtig, was du gerade »siehst«! Und bleibe dabei, alles so zu beschreiben, wie es gerade kommt.

Wie verhält sich B währenddessen?

B sollte jeweils immer Antwort geben. Wartet nicht bis zum Schluss. Gebt einfach jedes Mal eine kurze Antwort.

Es ist also ganz egal, worüber gesprochen wird?

Die Antwort lautet Ja! Wir wollen lernen, ein Medium zu sein. Keiner soll sich unter Druck gesetzt fühlen. Es kann sowohl vertikale als auch horizontale Kommunikation sein. Komme, was kommen mag! Man nennt das eine »offene Lesung«.

Ich berate Menschen und nehme über die Aura aus dem Erfahrungsbereich und Unterbewusstsein eines Menschen etwas über ihn auf. Ist das telepathisch?

Ob es wirklich Telepathie ist, müsste man genauer betrachten. Sicher ist es so, dass dein Wissen und deine Erfahrung dir ein gewisses Level an Weisheit ermöglichen. Wenn dir jemand etwas erzählt, fällt dir zu, wo das Problem liegt. Wenn du fühlst, was sie fühlen, oder intuitiv weißt, was sie wissen, und dir klar wird, was in ihrem Leben los ist, dann würde ich sagen, es ist keine Telepathie, sondern eher Hellfühlen und Hellwissen. Speziell in Sitzungen, die eins zu eins stattfinden, sagt dir deine Erfahrung, worum es geht. Die besten Psychologen sind diejenigen, die Probleme behandeln, die sie selbst schon überwunden haben. Den Prozess, den ein Klient durchmacht, auf einer tieferen Ebene zu verstehen, ist besser möglich, wenn man ihn selbst schon durchgemacht hat.

Aber was ist es dann, was ich hier lernen kann?

Eben ein Medium zu sein! Und die dadurch ermöglichten, nochmals tieferen Erfahrungen zu haben. Dass du auf deine Art und Weise Spirit empfangen kannst. Bedenke, dass diese Gabe lebendig ist! Sie verändert sich, sie entwickelt sich. Wenn du weiter daran arbeitest, wird die Art und Weise, wie du jetzt empfängst, nicht dieselbe Art und Weise sein, wie du in der Zukunft empfangen wirst.

Ich selbst zum Beispiel hatte in der Vergangenheit niemals Namen mitgeteilt bekommen. Und jetzt erhalte ich sie ständig, auch schneller und leichter. Wenn wir etwas Neues lernen wollen, sollten wir das, was wir schon kennen, vorübergehend auf die Seite schieben. Widme dich nicht zuletzt auch Übungen, die schwierig sind, die dir Widerstände in den Weg legen. Je eher sie dich nerven, desto öfter wiederholst du sie vielleicht sogar! Wir sind es gewohnt, alles immer auf dieselbe Art und Weise zu tun – eben so, wie es uns zu liegen scheint. Aber genau deshalb blockieren wir uns vielmals auch darin, endlich neue Wege zu beschreiten.

Sobald wir uns für Neues öffnen, wird die Geistige Welt uns mannigfaltige Möglichkeiten geben, mit ihr in Verbindung zu treten. Anfangs werden dir die möglichen Empfangsebenen gezeigt, möglicherweise in konzentrierter Form, sodass du dir rasch ein Bild machen kannst. Spirit zeigt dir, wie man »sehen« kann, wie man durch Wörter, Emotionen und andere Kanäle empfängt. Diese Vielfalt ist Absicht. Sie dient dazu, dass du leichter herausfinden kannst, was dir am besten liegt, wie du eine für dich passende Art der Verbindung aufbauen kannst. Und, wie schon gesagt: Die Geistige Welt kann immer nur auf dem aufbauen, was du schon weißt. Du kannst sie darum bitten, ihre Informationen an dich anzupassen.

Wie können wir den Zeitpunkt, auf den sich die gewünschte Information bezieht, näher bestimmen?

Du entscheidest über die Zeitspanne vorab mit deinem rationalen Gehirn und teilst es Spirit in deiner Bitte um Erhörung mit. Wir nennen es die »Zeitlinie« der Botschaft. Sobald du sie festgelegt hast, bleibst du dabei. Wenn du trotzdem eine Information für einen anderen Zeitrahmen bekommst, kannst du dich immer noch heranzoomen, also dort hineingehen.

Bei mir war es bisher einfach so, dass automatisch Jahreszahlen auftauchen, sowohl hinsichtlich dessen, was vor der jetzigen Inkarnation war, als auch fürs jetzige Leben.

Das passiert mir auch, und es ist völlig in Ordnung. Wenn du jedoch von einem speziellen Ereignis wissen willst, wann es stattgefunden hat oder stattfinden wird und du dann keine Jahreszahl bekommst, könntest du immer noch deinen Zeitraum anmelden.

Beginne ich da nicht eine Art von Manipulation, indem ich das für eine andere Person festlege?

Nein, du entscheidest nichts, außer dass du die Information innerhalb dieses Rahmens bekommen willst. Wenn du natürlich drüber nachdenkst, warum und wie du sie erhältst, könnte es sein, dass du sie manipulierst.

Wenn ich meditiere, kommt manchmal so ein wahnsinniger Druck herunter. Ich habe dann das Gefühl, dass Energie in mich hineingeht, die dann auch wieder herauswill. Ist das gemeint mit Hingabe?

Mit Hingabe meine ich eigentlich eher, dass du dich der Sache hingibst, deine Übungen vielmals wiederholst und wirklich auf dein Ziel hinarbeitest. Medialität ist nichts, was ich nur am Sonntagnachmittag machen kann. Es ist eine lebenslange Verpflichtung, die ich eingehe. Medialität ist nicht, was ihr *macht*, sondern was ihr *seid*.

Zu dem, was du sagst, jetzt nur so viel: Ich vermute, dass dein Bewusstsein aus dem Körper austreten und sich mit den höheren Ebenen verbinden will, dass es also darum geht, Informationen auf irgendeine Art und Weise herunterzuladen. Den Druck oder auch ein Prickeln hinten am Kopf und im Nacken erleben beim Meditieren viele Menschen.

Wenn ein »soll« oder »muss« in der Botschaft für mein Gegenüber enthalten ist: Wie sollte ich es ihm oder ihr mitteilen?

Die Geistige Welt meint es stets gut mit uns. Sie unterstützt und hilft immer und überall. Wenn wir Nachrichten überbringen, verwenden wir deshalb durchweg unterstützende, positive Worte. Sonst könnte es für den Empfänger schwierig werden, gewisse Botschaften zu akzeptieren und umzusetzen.

Bei mir tauchen immer wieder verschiedene Farben und Symbole auf. Also zum Beispiel Violett umgeben von Weiß oder ein Dunkelblau umgeben von Weiß mit einem Stern drin. Bisher habe ich mir immer gesagt: Okay, ist in Ordnung, gehört dazu.

Ich empfehle, dass du es in dein Wörterbuch der Symbole einträgst und darüber nachdenkst, was diese einzelnen Farben *für dich* bedeuten. Welche Bedeutung hat der Stern *für dich*? Schau mal, ob sich etwas wiederholt, ob es da ein Muster gibt. Wenn du Symbole, Farben oder Formen empfängst, hat es damit zu tun, dass du dich öffnest, dass du dich weiterentwickelst, weil du an dir selbst arbeitest. Ganz allgemein haben die Farben, die du hier nennst, mit den oberen Chakren zu tun. Wenn du sie siehst, kann es heißen, dass du dich weiter öffnest. Es kann auch sein, dass es eine sehr konkrete Nachricht ist. Manchmal wirst du das auch erst später wissen.

Wie erkenne ich, welche geistigen Wesen mit mir kommunizieren?

Du bekommst es so mit, wie du es beim Empfang medialer Botschaften bereits kennengelernt hast: indem du dir deine Empfindungen beim Empfang der Information bewusst machst und indem du die empfangenen Symbole deutest. Beides steht hier in Bezug zur Ahnenlinie der Person, für die du arbeitest.

1. Du spürst ganz klar, wer sie sind (Mutter, Vater usw.). Oder sie nennen dir ihre Namen, aber das ist eher selten.

2. Partner zeigen dir ein Symbol, das der Empfänger erkennen wird (z. B. Eheringe), oder einen Ort, der für sie etwas Besonderes war (Haus, Garten, Urlaubsziele), oder Erlebnisse, die sie zusammen hatten.

3. Du kannst ihre Liebe spüren: Sie kommen als Mutter, als Vater, als Freund usw.

4. Durch ihre Position erkennst du, in welcher Beziehung sie zum Empfänger stehen (gegenüber, hinter, neben ihr/ihm). Das ist die gebräuchlichste Art und Weise, und du kannst »aushandeln«, dass sie diese Art der Mitteilung wählen. Mehr dazu weiter unten.

Im Falle der ersten Möglichkeit wirst du es rein intuitiv wissen, weil du die Schwingung erkennst. Im Fall von Möglichkeit zwei bis vier ist erforderlich, dass du offen für Feedback bleibst, um zu erfahren, wie genau der Empfänger zu diesen Verstorbenen steht. Du sagst zum Beispiel, es sei da eine Person, die viel am Strand spazieren war, oder jemand, der viel Fahrrad fuhr – also rein qualitative Merkmale, ohne eindeutige situative Bestimmung in Raum und Zeit. Spürst du zum Beispiel eine brüderliche Schwingung, könntest du mitteilen, es zeige sich jemand mit einer solchen Schwingung, und fragen, ob da vielleicht ein Bruder im Himmel sei? Oder eine Schwester? Womöglich kann es dann auch zu jemandem führen, der wie ein Bruder daherkommt, weil er im Leben ein guter Freund war oder ist.

Genau dies geschah auch mir selbst: Ich habe zwei Brüder und eine Schwester, und manchmal, wenn für mich in der Geistigen Welt gelesen wurde, hat man mir einen weiteren Bruder »verliehen«! Warum? Weil ich seit meinem elften Lebensjahr einen sehr engen Freund habe. Seine Kinder sagen »Onkel« zu mir. Falls er vor mir stürbe, dann würde er von der anderen Seite her wohl als Bruder zu mir kommen und Erinnerungen anführen, die wir gemeinsam gemacht hätten, etwa zu Reisen, die wir gemeinsam unternahmen. Daran könnte ich ihn zweifelsfrei erkennen.

Schon als ich anfing, als Medium zu arbeiten, konnte ich feststellen, wie auch direkte »Hilfe von oben« erbeten werden kann, um festzustellen, in welcher Beziehung ein geistiges Wesen zum Fragenden steht: Ich frage es einfach danach! Wenn es dann seine räumliche Position zu ihm ändert, heißt das, es will mich über diesen Punkt genauer aufklären. Im Austausch mit anderen Medien und mit meinen Schülern ist mir klar geworden, dass solcherart Hilfe von oben weitverbreitet ist. Es ist ein weiteres Beispiel dafür, dass die Geistige Welt unsere Wünsche akzeptieren kann – wie beispielsweise auch bei der Bestimmung der Zeitlinie. Jedes Medium hat sein spezielles »Erkennungssystem«, das ihm hilft, etwas einzuordnen und in seiner Sinnhaftigkeit zu bestimmen. Du wirst im Lauf der Zeit selbst darauf kommen, wie du das, was dir mitgeteilt wird, deinen Bedürfnissen anpassen kannst.

Tipp

→ Für den Anfang gilt: Gehe nicht so hart mit dir selbst ins Gericht! Denke nicht, du müsstest alles herausfinden, wonach gefragt wird. Manchmal bekommen wir die Information halt nicht, um wen genau es sich handelt. Aber vielleicht kommt der Empfänger ja auch selbst darauf.

Warum unsere Ahnenlinie so wichtig für uns ist

Auch in unserer westlichen Kultur gehen mittlerweile viele Menschen davon aus, dass vorherige Leben uns im jetzigen Leben beeinflussen. Wenig bekannt ist allerdings, welchen Effekt auch das Leben unserer Ahnen auf uns hat, sowohl zum Wohl wie zum Wehe.

Innerhalb einer Ahnenreihe ist die spirituelle Verbindung unter Menschen desselben Geschlechts besonders eng. Erwarte nun aber nicht, dass ein und dasselbe Charaktermerkmal von einer Generation auf die nächste übergehen muss. Es geht hier ja nicht um erbliche Veranlagung, sondern um die Erfüllung von Seelenverträgen. Über verschiedene Generationen hinweg können sich die Vorzeichen ein und derselben Thematik deshalb sehr wohl ändern. Wenn ein Mann beispielsweise den Familienbesitz verschwendet hat, dann wird sein Sohn – schon um für sich Lehren zu ziehen – tendenziell sehr erpicht aufs Sparen sein, selbst wenn er es gar nicht nötig hätte. Der Sohn dieses Sohnes kann dann die Seelenenergie seines Großvaters weitertragen und, wie dieser auch, Probleme damit haben, finanziell klarzukommen.

Kommt so etwas in einer Sitzung auf, könnt ihr davon ausgehen, dass die Geistige Welt das Problem heilen will – speziell dann, wenn ein Geheimnis daraus gemacht worden ist. Sobald die Information darüber nun nach unten geholt wird, kann das Muster, in dem jemand gefangen ist, endlich durchbrochen werden. Es kann sogar sein, dass im medialen Kontakt mit dem Verursacher des Geheimnisses dieser die Lösung selbst liefert, weil er das Problem endlich loswerden will. Denn für ihn wird es auch in der Geistigen Welt belastend sein.

Ja, auch geistige Wesen kennen ihre Bürden! Für sie eine Bürde sind nicht zuletzt ihre Geheimnisse – vor allem wenn sie damit ihre Nachkommen belasten. Denn wer sein Leben vor dem Hinübergehen nicht aufgeräumt hat, wird zunächst nicht so tief im Frieden des weißen Lichtes sein, wie es sein könnte und auch sein soll. Das Muster endlich zu heilen wird dann allen Beteiligten helfen, ob in unserer oder deren eigener Welt.

Ich selbst kenne einen extremen Fall, in dem sich die Komplexität dieser Problematik wie in einem Brennglas bündelte. Eine Frau, die keine eigenen Kinder bekommen konnte, entführte ein Kleinkind und zog es auf, als sei es ihr eigener Sohn. Alle Nachfahren dieses Kindes (die vorgeblichen Enkel der Frau) waren völlig okay, die Frauen sogar sehr erfolgreich, mit tollen Karrieren. Aber keine von ihnen konnte Kinder bekommen!

Nur eine gebar, aber dieses Kind wog nur 600 Gramm. Eine ihrer Schwestern ließ künstliche Befruchtungen vornehmen, aber auch das funktionierte nicht. Noch eine Schwester hatte eine Totgeburt.

Eine weitere Frau aus dieser Generation kam schließlich zu einer medialen Lesung zu mir. Sie war seit sieben Jahren verheiratet und hatte bereits ein Kind aus künstlicher Besamung. Aber sie war 37 Jahre alt, und die Ärzte meinten, die Wechseljahre hätten früh eingesetzt. Es gebe keine Möglichkeit, ein weiteres Kind zu bekommen.

Die Geistige Welt erklärte mir, was die eigentliche Ursache war. Und noch dazu, wie man das Problem lösen könne:

durch eine Zeugung ganz und gar aus Liebe – also auch aus Liebe für die Ahnen. Nur Liebe könne diese Sache heilen! Auch wurde mir gesagt, es werde dann wohl ein Junge. Und die Frau bekam ihr Kind! Es war gesund und wog fünf Kilogramm.

Ich will indes nicht verschweigen: Es wurde doch ein Mädchen. Ich habe es selbst heranwachsen sehen. Sie ist jetzt um die 13 Jahre alt. Allerdings hat sie schon immer lieber mit Jungen gespielt und nie Puppen gemocht. Sie praktiziert Karate, und auch an anderen ihrer Gewohnheiten und Vorlieben wird ersichtlich, dass sie recht viel männliche Energie in sich trägt. Im Endeffekt erlebte ich hier also selbst auf sehr deutliche Weise, wie die Geistige Welt wieder einmal recht behielt – und dass ihre Mitteilungen gleichwohl nicht immer eins zu eins in unseren anerzogenen Verständnisrahmen passen müssen.

Last but not least darf erwähnt werden: Auch die anderen Frauen dieser Familie können nun eigene Kinder bekommen. Und wir sind alle Freunde geworden.

Wie gesagt, das ist schon ein sehr spezieller Fall. Was ich damit aber doch ganz allgemein sagen will:

> → Es sollte uns ein Anliegen sein, unsere Ahnenlinie zu ehren, ihre Repräsentanten zu lieben und mit ihnen zusammenzuarbeiten. Besonders wenn es Probleme in unserer Seelenfamilie gibt. Dann wird unsere mediale Arbeit auch für andere Menschen vom selben positiven Geist erfüllt sein. Hier geht es wirklich um Liebe im tiefsten Sinn: um Geben und Nehmen, in beiderlei Richtung.

Die Ahnenlinie erkennen und heilen

In diesem Kapitel werden Ahnenlinien in Form grafisch gestalteter Stammbäume dargestellt. Geschlechtsunterschiede werden durch folgende Symbole markiert:

Mann

Frau

Kind

Beginnen wir mit einem möglichst einfachen Beispiel: einem Stammbaum, in dem sich die Information zunächst allein auf die biologischen Eltern bezieht. In der nebenstehenden Grafik reicht sie drei Generationen zurück. Die empfangende Person befindet sich ganz unten. Gezeigt wird eine »ganz traditionelle Familie«, also ein heterosexuelles Paar, ohne Scheidung und ohne nicht eheliche oder abgetriebene Kinder. Dann sähe es in der Übersicht folgendermaßen aus:

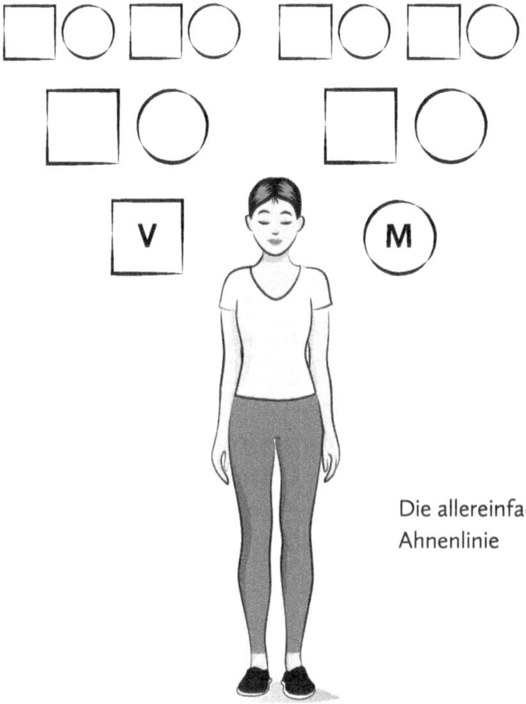

Die allereinfachste Ahnenlinie

Stellt euch beim Entgegennehmen der Nachrichten vor:

- Ihr selbst steht vor dem Empfänger,
- links erscheint der Vater,
- rechts die Mutter.

Die gesehenen oder empfundenen Abstände können etwas variieren, Vater und Mutter bleiben aber nahe am Empfänger.

Abgetriebene Kinder sehen wir normalerweise nahe am Kopf der Mutter (siehe nächste Darstellung). Ich selbst sehe das Gesicht eines solchen Kindes normalerweise nicht. Bei einer Fehlgeburt sehe ich es nur, wenn die Schwangerschaft schon acht Monate lang andauerte. Ebenso bei Kindern, die entweder tot geboren wurden oder direkt nach ihrer Geburt gestorben sind. Für mich sieht es aus wie das Gesicht einer kleinen Puppe, die um den Kopf der Mutter kreist. Dadurch weiß ich, dass es Aborte oder Fehlgeburten sind. Ich nenne sie »Mondbabys«, eben weil sie in der Erscheinung um den Kopf der Mutter zirkulieren. Manchmal weiß die Mutter überhaupt nichts von einer Fehlgeburt, weil es sehr frühzeitig dazu kam.

Abgetriebene Kinder haben eine schwerere Energie und können dunkler erscheinen. Auch sie können wie von innen heraus leuchten, und manchmal lächeln sie sogar, nur ist da so ein Gefühl, als ob ein dunkler Schatten über ihnen hänge. Die Erscheinung erinnert mich ein wenig an die Verschwommenheit eines Röntgenbildes.

Menschen im Kindesalter können vor oder neben den Eltern stehen. Es scheint für sie aber keinen ganz speziellen Platz zu geben; sie können nahe bei dem einen oder anderen Elternteil sein. Das Alter, in dem wir sie sehen, muss nicht das Alter sein, in dem sie gestorben sind.

→ Ich muss betonen, dass diese Beschreibung meine eigenen Erlebnisse und Erkenntnisse reflektiert. Unter den zahlreichen Medien, die mir persönlich bekannt sind, befindet sich nur eines, das Kinder in dem Alter sieht, in dem sie gestorben sind, und das auch erkennt, wie alt das Kind war, als es verstarb.

→ Grundsätzlich verhält es sich so: Seelen, die im Kindesalter aus dem irdischen Leben getreten sind, wachsen auch im Jenseits weiter – allerdings anders als auf Erden, denn als geistige Wesen erreichen sie nicht das Erwachsenenalter.

KENNZEICHEN VERSTORBENER KINDER

Die enge Verbindung zu ihren Eltern kann sich darin ausdrücken, dass sie auf deren Schoß sitzen.

- Sie sind verspielt und gefühlsbetont, eigentlich niemals traurig.
- Sie fassen gern etwas an, spielen oft mit den Haaren ihrer Eltern.
- Wenn das Medium sie nicht versteht, beweisen sie viel Durchhaltevermögen und geben nicht auf.
- Es sind in der Regel sehr hoch entwickelte geistige Wesen. Sie verfügen über die Fähigkeit, leicht zu vergeben, auch wenn sie durch die Schuld anderer umgekommen sein sollten. Der Empfänger wird in ihre Liebe förmlich eingeschlossen, um ihm zu helfen, seine Angst zu überwinden und damit zurechtzukommen, dass man für das Kind nicht (mehr) da sein kann.

- Kinder, die tot geboren wurden oder vor dem Alter von zehn oder elf Jahren sterben, kommen gern mit einer Mission zu uns. Es sind sehr liebevolle, weit entwickelte Wesen, die uns zeigen wollen, was wirkliche Liebe ist.

- Verstorbene Kinder helfen durch ihren Tod auf die eine oder andere Weise der Familie, Traumata und Probleme zu bearbeiten, sie schließlich zu überwinden und sich weiterzuentwickeln

VERWANDTE ERSTEN UND ZWEITEN GRADES

→ Wenn ihr ein geistiges Wesen seht und wisst nicht, wer es ist, könnt ihr es bitten, sich im Rahmen einer Aufstellung, wie oben gezeigt, zu offenbaren.

→ Falls das nicht gelingt, können wir natürlich auch das mitteilen, was herüberkommt. Zum Beispiel: Ich habe hier einen Mann, der im Krieg ums Leben gekommen ist. Oder: Ich habe hier eine Frau, die in Verbindung zu deiner Mutter steht und durch Selbstmord gestorben ist.

→ Sobald wir unsicher sind, um genau welche verwandtschaftliche Beziehung es sich handelt, halten wir die Information etwas offener. Wenn zum Beispiel nicht klar ist, ob es sich um eine Schwester oder eine Cousine der Mutter handelt, kannst du sagen: Da ist jemand aus der mütterlichen Seite der Familie.

→ So gehen wir auch vor, wenn Unsicherheit besteht, zu welcher Generation jemand gehört. Du kannst zum Beispiel sagen: Das sieht mir aus wie die und die Generation oder wie eine dazu benachbarte Generation. Im Feedback mit dem Empfänger könnt ihr dann weitere Beweise erbringen.

→ Grundsätzlich gilt: Nicht die supergenaue Art der Beziehung ist das Entscheidende, sondern die Lebensnähe der erteilten Information – sei es im persönlich-qualitativen Bereich oder konkret auf Ereignisse bezogen.

→ Geschwister der empfangenden Person seht ihr normalerweise neben ihr, ob nun links oder rechts von ihr, das gilt auch für andere Verwandte in ihrer eigenen Generation.

→ Wenn bei Verbindungen ersten Grades – also zu Mutter, Vater und Geschwistern – die Entfernung zwischen den Betreffenden größer als üblich ist, standen sie sich eher nicht so nahe. Vielleicht hat in der Beziehung etwas nicht gestimmt?

Hier sehen wir einen Vater, der zwei Frauen hatte. Deshalb öffnet sich auf der mütterlichen Seite der Familie eine zweite Ahnenreihe. Jene Frau, die näher bei der empfangenden Person ist, steht dieser näher. Die andere ist vielleicht gestorben oder vom Vater geschieden.

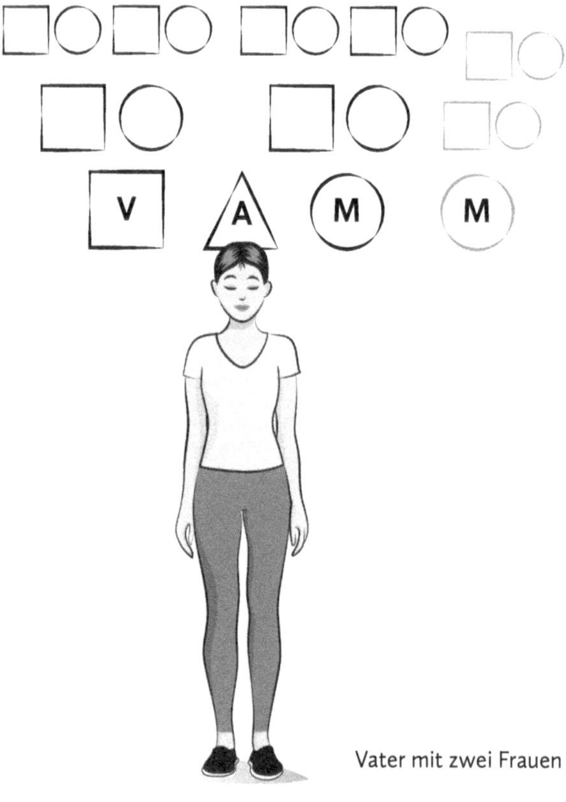

Vater mit zwei Frauen

Familiengeheimnisse und ihre Folgen

Familiengeheimnisse können zur Ursache von generationenübergreifenden Lebensproblemen werden. Das ist der heutigen Psychologie sehr wohl bekannt und wird therapeutisch auch in Form von Familienaufstellungen berücksichtigt. Im intergenerationellen Bereich bietet die

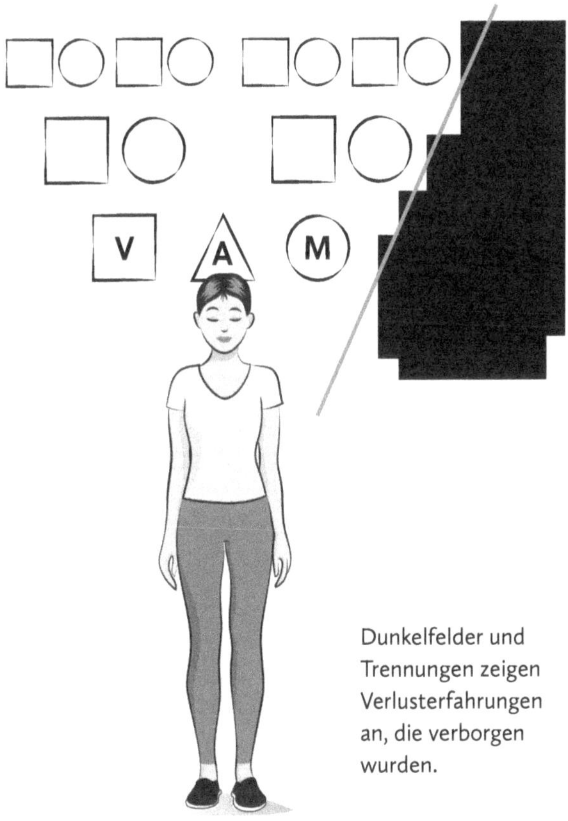

Dunkelfelder und Trennungen zeigen Verlusterfahrungen an, die verborgen wurden.

mediale Kommunikation zusätzliche Lösungsmöglichkeiten an, um unbewussten Fixierungen auf den Grund zu gehen und hartnäckige Probleme wirklich an der Ursache zu heilen.

Nicht selten betreffen Familiengeheimnisse Abtreibungen und/oder nicht eheliche Kinder, die vielleicht sogar weggegeben wurden. Dann kann in der Ahnenlinie eine Art Dunkelfeld liegen oder gegenüber der Hauptlinie ein Riss oder eine Trennlinie erkennbar werden, und dieser Bereich kann auch weiter unten platziert sein.

FAMILIENGEHEIMNISSE WIRKEN SICH AUCH IN DER GEISTIGEN WELT AUS

→ Familiengeheimnisse führen zu Problemen von Isolation auch in der Geistigen Welt. Jedes geistige Wesen, das dunkle Geheimnisse mitgebracht hat, wird versuchen, sich davon zu befreien, denn sonst kann es nicht tief im Licht ruhen.

→ Was im hiesigen Leben ungelöst geblieben ist, geht zudem auch auf die Nachfahren über. Ein Muster überwölbt auch ihr Leben (wie oben gezeigt, besonders die dritte, aber sogar auch die fünfte Generation).

→ Ein geistiges Wesen, das unter der Last eines solchen Geheimnisses leidet, wird die Hilfe seiner Nachfahren suchen, auch um sich selbst von dem Problem zu befreien. Er wird sie auf die eine oder andere Weise davon unterrichten wollen, sobald der Kontakt hergestellt ist.

In letzter Zeit richtet sich die Forschung auch auf sogenannte epigenetische Beeinflussung: also die Einwirkung der sozialen Umwelt auf die Gene. Nun ist Liebe die stärkste soziale Verbindung. Liebe verschwindet nie! Sie bleibt, sie dominiert alles Weitere. Generell werden in jeder Lesung also die Liebesbeziehungen eine sehr wichtige Rolle spielen. Andererseits können sich auch Menschen zeigen, die man nie getroffen hat – eben wenn sie auch genetisch mit der Person verbunden sind.

Wenn eine Frau durch eine Eizellenspende Mutter wird, kommt diese Ambivalenz besonders zum Tragen. Die Eizelle gehört ja zu einer anderen Frau. Im Mutterleib aber erhält der Fötus auch Prägungen seitens der Mutter, die das Kind austrägt. Deshalb ist es auch deren Kind.

Ebenso beweist das Beispiel eineiiger Zwillinge, die sich psychosozial sehr unterschiedlich entwickeln, obwohl sie dieselbe Umgebung hatten, das komplexe Zusammenspiel genetischer und epigenetischer Faktoren.

Merke!

Familiengeheimnisse zu erschließen ist ein besonders faszinierender Teil medialer Arbeit. Wir stellen uns dabei folgende Fragen: Wie kommen wir an sie heran? Wie beeinflussen sie die Verstorbenen? Und wie die Lebenden?

Immer handelt es sich um Vereinbarungen, die jemand mit der Ahnenlinie getroffen hat, um ein Gleichgewicht zu wahren. Das hat jedoch seinen Preis. Zum Beispiel kann ich meine eigene Entwicklung preisgeben, um etwas Gutes zu bewirken. Dann geht es weniger um mich selbst, als um die Ahnenlinie an sich. Wenn aber jemand Schuld auf sich lädt, indem er etwas für sich behält, kann er auch das mit hinübernehmen. Die Bürde, mit der das verbunden ist, kann weit in das Leben in der Geistigen Welt hineinreichen. Wer große Geheimnisse dorthin mitgenommen hat, kann nicht so wie vorgesehen nach oben aufsteigen, sondern nimmt Unfrieden mit und kann keine wirkliche Ruhe finden. Das eben ist der tiefere Grund, warum Menschen auf dem Totenbett Geständnisse ablegen.

In meiner eigenen Praxis durfte ich nicht nur erleben, wie es bei der medialen Arbeit an Familiengeheimnissen zu tief bewegenden Heilungserlebnissen kam. Bisweilen wurde ich auch zum Zeugen tragikomischer Ereignisse. Eine Frau kam zu einer Lesung bei mir. Sie war sehr aufgeregt und wollte wissen, wann ihr Ehemann sterben würde!

Die Frau und ihr Mann waren über 50 Jahre verheiratet, hatten fünf Kinder, lebten ausgesprochen traditionell als klassische, römisch-katholische Familie. Der Ehemann hatte einen schweren Schlaganfall erlitten, und seine Ärzte hatten nicht mehr erwartet, dass er sich jemals wieder richtig bewegen und sprechen können würde. Nur eine Operation könnte helfen, aber er würde sie mit hoher Wahrscheinlichkeit nicht überleben. Er entschied sich aber trotzdem dafür.

In der Nacht zuvor bat er seine Frau und alle Kinder zu sich – und gestand, dass er seit über 30 Jahren eine Geliebte gehabt und ein regelrechtes Doppelleben geführt hatte. Er besaß tatsächlich eine zweite Familie, mit allem Drum und Dran, einschließlich Kindern! Und keine der beiden Familien hatte von der anderen gewusst. Nein, so wollte er nicht in den Himmel gehen.

Er überlebte aber und genas weitgehend. Von daher das Bedürfnis der Ehefrau, bei mir seine verbleibende Lebenszeit zu erkunden ...

Hier muss bemerkt werden, dass ich auf Fragen dieser Art nie eine »prophetische« Antwort gebe. Das gehört prinzipiell nicht zu meiner persönlichen Arbeitsweise als Medium, und ich lasse jetzt offen, wie ich reagierte. Hier geht es mir nur darum, anhand eines schlagenden Beispiels aufzuzeigen, wie intensiv Familiengeheimnisse nach Selbstheilung rufen.

Aus spiritueller Sicht hatte der Mann durchaus guten Grund, sein Geheimnis offenbaren zu wollen, bevor er sterben würde. Denn was für die Lebenden gilt, gilt ebenso für die Hinübergegangenen: Auch die Geistige Welt mag keine Geheimnisse! Das spürt ein Mensch, bevor er stirbt, und er sucht nach Wegen, die im Jenseits zu erwartende Bürde bereits vor seinem Ableben loszuwerden. Persönliche Offenbarung ist immer der erste Schritt zur Heilung des Problems – und wer will schon seine Bürden mit in die Ewigkeit nehmen?

Nun aber zur für uns, als Medien, so wichtigen Frage: Wie gestaltet sich die Kommunikation mit dem Träger eines Familiengeheimnisses im Jenseits?

Wie erkenne ich diese Geheimnisse?

Am einfachsten ist es, wenn das geistige Wesen von sich aus ein Bekenntnis ablegt. Doch das ist nicht immer sogleich der Fall, weil eine Empfindung von Schuld und Scham damit einhergeht. Dann steht es womöglich schamvoll beiseite, wirkt schüchtern wie ein kleines Kind und spricht nicht so gern.

Für manche geistige Wesen ist der Druck aber so stark, dass sie förmlich übereifrig darin werden, uns wissen zu lassen, was sie belastet. Dann werden sie ruhelos-ängstlich, reden hastig und auch laut. Sobald du deine Aufmerksamkeit woanders hinlenken willst, stellen sie sich womöglich nur noch weiter in den Mittelpunkt.

Es ist auch möglich, das Geheimnis selbst zu entdecken, indem du die Ahnenlinie intuitiv betrachtest. Eine Lücke oder »Schmierflecken«, also Nebel oder Dunst über dem Gesicht, können den Anhaltspunkt bieten. In der folgenden Grafik geht es um die Urgroßmutter der Mutter mütterlicherseits. An einem Schatten, der von ihr ausgeht und sich über ihre Abkommen legt, erkennst du sie als ursächliche Trägerin des Geheimnisses.

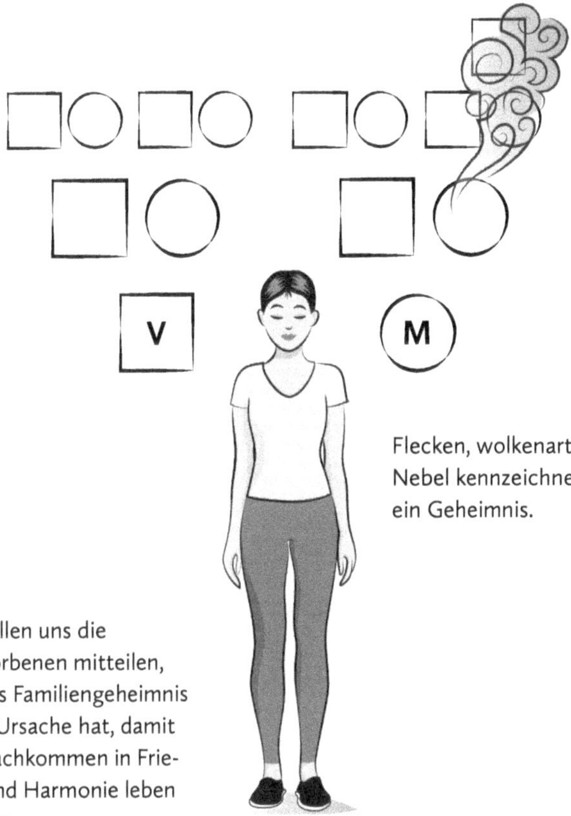

Flecken, wolkenartige Nebel kennzeichnen ein Geheimnis.

So wollen uns die Verstorbenen mitteilen, wo das Familiengeheimnis seine Ursache hat, damit die Nachkommen in Frieden und Harmonie leben können.

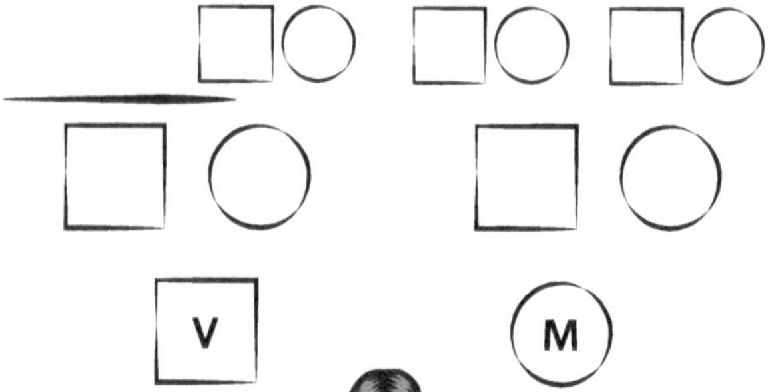

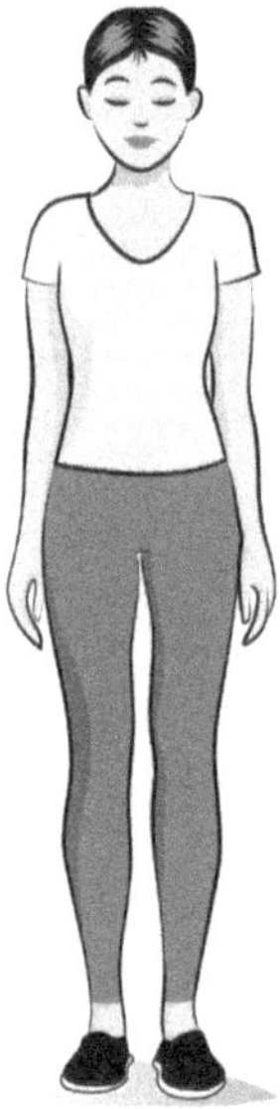

Einschnitte zeigen auf, dass die eigentliche Abkunft nicht bekannt ist. Dies kann die unbewusste Ursache für Verlustgefühle, Hilflosigkeit und geringes Lebensvertrauen sein.

Um die Bedeutung von horizontalen Einschnitten in der Linie – auch wenn sie nicht gesehen, sondern gespürt werden – zu entschlüsseln, teile ich den Empfängern zunächst mit, dass wir mit Neuigkeiten zu rechnen haben.

In dieser Darstellung wird gezeigt, dass der Empfänger der Information wenig oder nichts von der Ahnenlinie oberhalb seines Vaters weiß. Bei verborgenen Adoptionen und außerehelichen Kindern kann es sein, dass daneben noch eine neue Linie erscheint, um deren Ursprünge es dann zu gehen hätte. Dann hätten wir sogar zwei unterschiedliche Stammbäume!

Beziehungsverhältnisse, die als brisant empfunden werden, aber unbewusst bleiben, und das womöglich über Generationen hinweg, können starke Gefühle von Hoffnungslosigkeit hervorbringen. Es kann nicht nur den Empfänger der Botschaft selbst treffen, sondern prinzipiell alle in der Familie, die dafür empfindsam sind.

Fehlt in der Ahnenlinie eine bestimmte Position, geht es um Verlust. Es kann jemand vermisst werden, durch Selbstmord gestorben, »durchgebrannt« sein – oder in seiner Existenz einfach ignoriert werden. Sieht man eine Lücke auf der Ebene der Eltern oder der Großeltern, kann es aber auch sein, dass sie immer noch am Leben sind. Dann gilt es während der Beratung Vorsicht walten zu lassen.

Suizid ist kein Verbrechen!

Immer noch ist die Meinung verbreitet, dass Suizid ein Verbrechen sei und dass die Seelen von Selbstmördern »verloren gehen«. Meine eigene Erfahrung lehrt mich, dass es so nicht ist. Obwohl diese Seelen im Jenseits eine spezielle Arbeit verrichten müssen, sind sie sehr wohl in der Lage, ins Licht zurückzukehren. Wir alle sind Kinder Gottes, tragen den göttlichen Funken in uns und haben das Recht, nach Hause zu gelangen. Auch diejenigen, die Suizid begangen haben. Es ist die Scham, die Schande und das Stigma, was ihre Seele vorübergehend festhält. Um emporgehoben zu werden, wird jede Hilfe willkommen sein.

Niemand will sterben. Wer dennoch Hand an sich legt, will nur seinem Leid ein Ende bereiten. Meist liegt eine starke Depression vor. Sucht und Missbrauch können eine Rolle spielen. Mir selbst stellt es sich so dar, dass wir, als Mitmenschen, diesen Unglücklichen nicht genügend Mitgefühl erwiesen haben. Das ist die eigentliche Bürde, und da es eine gemeinsame Bürde ist, betrifft sie auch die Ahnenlinie. Nicht allein der Verlust, sondern auch das Stigma sind schmerzhaft, und das über Generationen hinweg, sofern es nicht bearbeitet wird.

Medialität kann die Ursache aufdecken, wenn eine Seele im Jenseits noch nicht in Frieden lebt – ganz gleich aus welchen Gründen dies der Fall sein mag. Sie vermag sogar zu bewirken, dass auch jene Liebe, die ein Mensch zu Lebzeiten nicht empfing, ihm immer noch erteilt werden kann. So können selbst generationenübergreifende Wunden geheilt werden, und endlich kehrt für alle Frieden ein.

WIE ERKENNEN WIR EINEN SUIZID IN DER AHNENLINIE?

Ich sehe da eine Reihe von Möglichkeiten:

1. Die Person zeigt sich nicht. An ihrer statt ist eine Lücke im Stammbaum.

2. Die Person tritt gegenüber den anderen ein wenig zur Seite.

3. Die Person erscheint auf die übliche Weise, du spürst aber auf deine eigene Art, dass da »etwas fehlt«.

4. Die Weise, in der die Person sich zeigt, vermittelt das Gefühl von Dunkelheit und/oder Schwere.

Indem wir durch Mitgefühl am Stigma arbeiten – durch bewusste Trauerarbeit – können Selbstmörder ins Licht gehen. Du wirst erfahren, welchen speziellen Prozess die Seele des Betreffenden durchläuft, um endgültige Erlösung zu erlangen. Durch das traumatische Ende ihres irdischen Lebens ist es anders als sonst, aber du kannst helfen, sie zu ihrem Ziel zu führen.

Wenn du die Person gar nicht sehen kannst, kann es sein, dass sie noch an einem Ruheplatz weilt, um Kraft zu sammeln. Denke niemals, diese Seele sei verloren! Sie ist einfach (noch) nicht in der Lage, zu erscheinen und verständlich zu kommunizieren. Höre und spüre genau hin, denn sie könnte sich sehr leise und subtil bemerkbar machen wollen. Manchmal sprechen die Betreffenden auch empfindlich und gereizt, weil sie viel zu verarbeiten haben. Scham und Schmerz bilden dann immer noch den Grundton ihrer Gefühlswelt.

Nicht selten verspürt eine Seele in diesem Zustand auch den Drang, in ihrer Erinnerung immer wieder jenen Ort aufzusuchen, wo sie ihr Leben beendet hat. Stets ist es ihr persönliches Leid, woran sie arbeiten muss, um weitergehen zu können.

Immer geht es darum, Reue und Wut, das Empfinden von Schuld und das erlittene Stigma aufzulösen. Das gilt auch für die Hinterbliebenen.

HÄUFIG GESTELLTE FRAGEN

Wenn ein Selbstmörder einen anderen mitnimmt, ist er dann ein Mörder? Ich denke an einen Fall, wo eine Frau ihr Kind durch einen absichtlichen Autounfall mit in den Tod genommen hat.

Wir können mit unserem rationalen Gehirn nicht den Seelenvertrag des Kindes verstehen. Es gibt immer zwei Seiten der Medaille, und von beiden Seiten kann etwas gelernt werden. Aus der Sicht der Geistigen Welt ist nicht alles entweder gut oder böse, es gibt einfach nur Erfahrung. Was ich damit sagen will: Natürlich ist es schrecklich, was da passiert ist, aber aus der Perspektive der Seelen gibt es vielleicht noch eine tiefer liegende Geschichte, die wir nicht ohne Weiteres verstehen können.

Wenn innerhalb einer Familie vermehrt eine psychische Erkrankung wie Schizophrenie auftritt, hat das dann auch etwas mit der Ahnenlinie zu tun?

Wir sind grundsätzlich keine perfekten Wesen, also haben wir auch fehlerhafte Gene.

Meine Mutter ist mit 15 Jahren durch den Selbstmord ihres Vaters Vollwaise geworden. Man hat ihr das damals verborgen. Auch mir hat sie es als Kind nicht erzählt, ich habe es aber trotzdem immer irgendwie gewusst. Wie kann das sein? Hatte ich als Kind eine Verbindung zur Geistigen Welt?

Ich würde sagen, du wusstest es gerade wegen dieser Verbindung. Wie wohl sonst können auch Mütter immer wieder wissen, dass mit ihrem Kind, obwohl es Tausende von Kilometern weit weg ist, irgendetwas nicht stimmt? Es ist eine innere Gewissheit, die einfach unabweisbar ist. »Hellwissen«, also direkte Intuition, könnte dein Weg in die Medialität sein, an dem du verstärkt arbeiten könntest.

Wenn in der Ahnenlinie immer wieder Suchtprobleme auftreten, können sie sich dann auch in Form eines starken Narzissmus äußern?

Abhängigkeiten stehen immer mit einem geringen Selbstwertgefühl in Zusammenhang. Und da Narzissmus ein überhöhtes Selbstwertgefühl darstellt, sehe ich hier durchaus die Möglichkeit eines Musters. Jeder Nahestehende kann für den Suchtbetroffenen ein Spiegel sein, obwohl dieser Widerstände zeigen wird, auch hineinzuschauen. Dabei ist zu berücksichtigen: Abhängigkeiten können in unterschiedlicher Form auftreten und eine Form kann durch eine andere ersetzt werden. Grundsätzlich können wir unsere eigenen geistigen Führer anrufen, damit diese dann die geistigen Führer des Suchtbetroffenen bitten, ihm zu helfen.

Was bedeutet es, Generationenprobleme mit Liebe zu heilen beziehungsweise die Ahnenreihe davon zu reinigen?

Eigentlich ist es schon positiv, wenn sich jemand dessen bewusst wird, dass es Probleme in der eigenen Ahnenlinie gibt. Die Information aus der Geistigen Welt wird normalerweise eine Empfehlung enthalten, die entweder dem Problemträger selbst gilt oder einer Person, die helfen kann. Die Selbstheilungskräfte des Beziehungssystems werden angeregt, und es ist zu erwarten, dass die Betreffenden ganz von allein beginnen, ihre Gedankenwelt zu verändern.

Im speziellen Fall der Mutter, die keine Kinder bekommen konnte, war es so, dass zudem eine genaue Information erfolgte, welche persönlichen Rituale durchzuführen seien. Zuallererst geht es darum, die ursächliche Person in der Ahnenlinie wertzuschätzen und ihr zu verzeihen! Familien werden durch eine Art inneres Gleichgewicht zusammengehalten. Jedes lebende System wird versuchen, ein verlorenes Gleichgewicht wiederherzustellen. Verzeihen ist die größte Heilung!

Bedeutet dies, dass es irgendwann sowieso wieder ausgeglichen wird?

Nun, je länger wir brauchen, um etwas für die Heilung zu tun, umso schwieriger wird es – und umgekehrt.

Übung

OFFENE LESUNG MIT DEM SPIEGEL

Hierfür brauchen wir einen Spiegel, den wir in Händen halten können. Wir üben mit der Drei-Wege-Verbindung. Denk daran, dass der Solarplexus automatisch zurückkommen will. Weite ihn also immer wieder aus!

Sobald wir die Verbindung nach oben hergestellt haben, richten wir die Energie des Solarplexus also auf unseren Partner. Wir halten den Spiegel in der Hand, aber ein bisschen seitlich, sodass er sich nicht zwischen uns befindet.

Dabei schauen wir ständig in den Spiegel. Ich tauche sozusagen in den Spiegel ein – mit offenen Augen. Das Sehen oder Spüren kann innerhalb des Spiegels, drum herum oder seitlich davon stattfinden. Es kann auch im Kopf erfolgen. Wir suchen das dritte Auge nicht absichtlich einzuschalten, sind aber offen für alles, woher und wie es auch kommen mag. Es handelt sich um eine offene Lesung. Was kommt, das kommt!

Nochmals: Ich habe den Spiegel nie direkt zwischen mir und meinem Partner, sondern halte ihn immer etwas zur Seite. Ich selbst bin im Spiegel zu sehen, aber mein Solarplexus ist mit meinem Partner zusammen. Es kann schon einmal sein, dass dein Blick zu ihm hinwandert. Nur dann bitte wieder zurück zum Spiegel, und so viel Zeit wie möglich dort halten.

Warm-up für Medialität: Umgang mit der linken Gehirnhälfte

Unser Problem mit der linken Gehirnhälfte lässt sich auf eine kurze Formel bringen: Sie hält es einfach nicht aus, wenn Dinge unbenannt sind! Offene Situationen sind wie Gift für sie. Offenheit aber ist das Salz in der Suppe, wenn es um Intuition geht, wenn wir Input aus Bereichen wünschen, die uns im normalen Bewusstsein verschlossen sind.

Was also macht die linke Hirnhälfte, wenn es ausnahmsweise einmal Informationen gibt, die außerhalb ihres eigenen Horizonts liegen? Sie wird sofort Angebote machen: Die Information müsste doch bitte einen Namen bekommen. Sie müsste doch ganz sicher in die oder die Schublade gesteckt werden können. Bitte nicht mitmachen! Keine Schubladisierung!

Merke!

Also bitte nicht denken und deuteln. Nicht analysieren, einfach beschreiben. Das gilt insbesondere, aber nicht nur, für offene Lesungen.

Wir können also sagen: Ich weiß nicht, wer diese Frau ist, aber sie kommt mit sehr mütterlicher Schwingung herüber. Sie kocht gern und macht gern sauber. Sie ist groß.

Wir sagen also nicht, *was* ist, sondern *wie* es ist. Wie es sich anfühlt. Wie es »tickt«. Mit dieser Methode kommen wir weiter. Dann werden sich irgendwann – vielleicht schon bald oder sogar sofort – unsere Clairs melden. »Es« wird schmecken. Wird gehört werden. Oder einfach gewusst.

IN EINE GESUNDE UND STARKE BEZIEHUNG ZUR MEDIALITÄT HINEINWACHSEN

- Schaffe Momente des Friedens und der Stille in deinem täglichen Leben. Versuche, immer wieder aufnahmebereit (im »erweiterten Modus«) zu sein, zuzuhören und etwas zu erspüren, anstatt es zu interpretieren.

- Erschaffe einen speziellen Ort für Medialität, der ausschließlich für die Geistige Welt bestimmt ist. (Es kann dein Meditationsplatz sein.)

- Bitte deine Lieben und deine spirituellen Führer in der Geistigen Welt in klarer und lauter Sprache, zu dir zu kommen.

TEIL 3

Kompetenz erwerben

Wir alle sind mit Spirit verbunden, sowohl in unserer physischen Manifestation als auch in unserer Seele.

– LINDA MASANIMPTEWA –

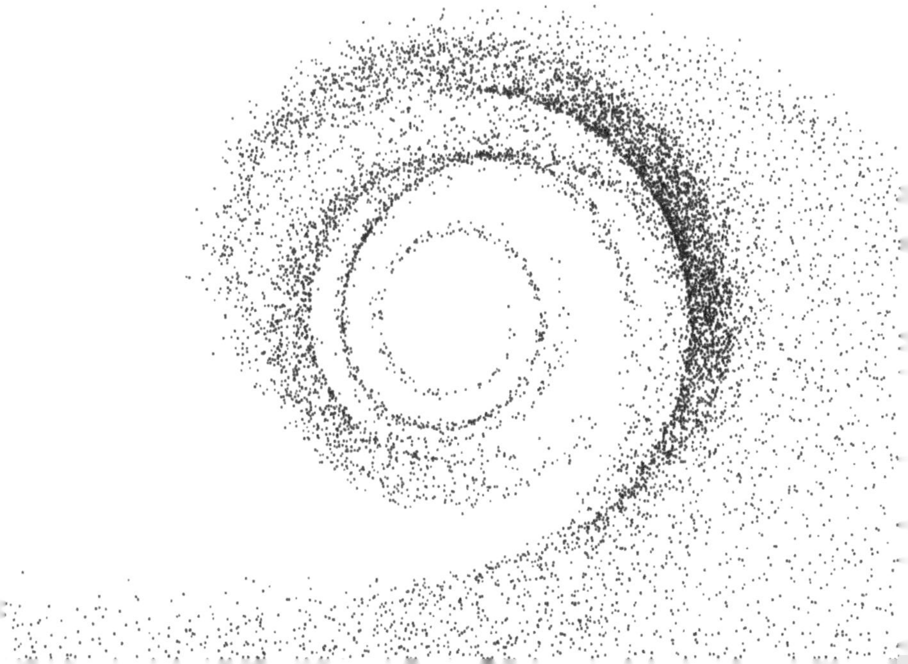

Prinzipien der Arbeit mit Spirit

Medialität ist eine Begabung, mit der wir alle ausgestattet sind. Du entwickelst sie zur bewussten Fähigkeit, wie wenn du eine Sprache erlernst. Du schaffst eine Verständigungsmöglichkeit mit der Geistigen Welt – sowohl mit deinen geistigen Führern als auch mit deinen Lieben dort. In der Arbeit an unseren medialen Talenten gelten für uns alle die gleichen Prinzipien.

Ehre deine spirituelle Arbeit: Bei der Arbeit als Medium fließt die Energie in beide Richtungen: Indem du deine eigene Arbeit ehrst, ehrst du auch die Geistige Welt. Es ist eine Verbindung mit dem Göttlichen, und auch du selbst bist göttlich. Nähere dich Spirit mit Ehrerbietung und Demut.

Behandle die Geistige Welt mit Respekt: Ist die innere Verbindung mit Spirit einmal aufgebaut, wird sie auch immer bestehen bleiben. Die Geistige Welt wird dich auf die gleiche Art und Weise behandeln, wie du sie behandelst. Es besteht kein Grund zur Angst. Es geht um Respekt, und wenn du ohne Angst, aber mit Respekt arbeitest, wird die Antwort ebenso behutsam sein. Ganz ehrlich: Geistige Wesen hätten wohl eher Grund, vor uns Menschen Angst zu haben, als umgekehrt.

Gehe eine Verpflichtung ein: Es ist von Vorteil, Regelmäßigkeit aufzubauen. Lege einen bestimmten Zeitpunkt fest, schaffe einen speziellen Rahmen, wo es einfach nur darum geht, die Beziehung zu Spirit zu pflegen. Auch wenn es nicht darum geht, Nachrichten zu überbringen.

EINE BOTSCHAFT VON SPIRIT …

… gilt unserem ganz konkreten Leben: Sie erbringt klare, verständliche und praktisch verwertbare Informationen. Es muss Beweise geben.
… zeigt auf, von wem sie kommt: Es wird klar, welches Wesen mit einem spricht.
… bringt Licht zum Empfänger: Sie lässt ihn an der göttlichen Einsicht teilhaben, zu seinem eigenen und dem Wohl anderer.
… bringt Hoffnung: Sie verschafft Möglichkeiten, Schwierigkeiten und Herausforderungen zu meistern.
… drängt sich nie auf: Nie soll jemand über seinen Kopf hinweg beeinflusst oder gar manipuliert werden. Wenn ein Medium dies versucht, wird es über kurz oder lang seine Gabe verlieren.
… dient allein der Liebe: Dein Herz wird dir sagen, wie auch Informationen, die Prüfungen und Herausforderungen mit sich bringen, dem Wohl der Betreffenden dienen können.

Feinheiten bei der Übermittlung von Botschaften

- Jeder Mensch ist auf die Erde gekommen, um seine ureigenen Erfahrungen zu machen. Das gilt es in der medialen Arbeit zu achten. Wir verbreiten keine Patentrezepte.

- Übermittle eine Botschaft nur dann, wenn du die ausdrückliche Erlaubnis erhalten hast und wenn die Information hilfreich und nützlich ist. Dränge dich nie auf.

- Beweise alle Informationen. Wenn deine Beweise nicht mit dem übereinstimmen, was dein Gegenüber beurteilen kann, versuche gar nicht erst, es davon zu überzeugen.

- Wenn du etwas erklären musst, dann immer klar und deutlich – ohne voreilige Schlüsse zu ziehen. Die Empfänger werden es verstehen, wenn es stimmt – auch wenn du selbst es nicht gewusst hast.

- Fühle jedes Wort. Achte darauf, was dir dein Empfinden sagt, und nicht, was du sonst immer siehst oder zu wissen meinst, weil dein Verstand es dir sagt. Genieße den Geschmack eines jeden Wortes. Lass es einsinken. Begleitende Gefühle und körperliche Empfindungen sind der beste Beweis für das, was du übermittelst.

- Immer nur kleine Schritte! Bilde keine langen Sätze und lass keine langen Lücken, ohne zu sprechen. Speichere Informationen nicht über längere Zeiträume, indem du Lücken machst.

- Sei objektiv. Wir erklären, was wir sehen, was wir empfangen, was wir fühlen. Nicht mehr und nicht weniger. Beschreiben, statt interpretieren!

- Widerstehe der Tendenz, dem Empfänger klipp und klar zu sagen, er oder sie »müsste« oder »sollte« etwas tun oder lassen. Es ist besser, wenn es in positiver, aufbauender Sprache klar wird.

- Auch wenn es schwierig wird: Wir vertrauen der Information, die zu uns kommt, selbst wenn das Feedback besagt, dies könnte doch nicht sein. Die Geistige Welt mag auch das, was uns unmöglich erscheint! Und kann eigentlich alles – außer danebenliegen. Allerdings sollten wir nie jemandem etwas aufdrängen wollen, und sei es die Wahrheit.

- Halte immer nach Feedback Ausschau, aber stell möglichst keine Fragen. Immerzu Fragen zu stellen mindert deine Glaubwürdigkeit. Es könnte der Eindruck entstehen, sich selbst Informationen beschaffen zu wollen. Nur wenn etwas übermittelt worden ist, das bereits bestätigt wurde, wären Nachfragen passend. Du kannst auch sagen: Ich sehe hier dies und das. Ergibt das für dich einen Sinn?

- Bilde kurze Sätze. Es hilft, zwischen dem, was du sagst, keine langen Pausen zu lassen. Sag es in aller Kürze und warte auf Feedback.

- Sag es genau so, wie es kommt. Erlaube deinem Verstand nicht, in Schlussfolgerei zu verfallen. Arbeite die Übermittlung nicht gedanklich aus – kommuniziere sie einfach.

HÄUFIG GESTELLTE FRAGEN

[Die folgende Frage steht beispielhaft für den Empfang von Teilinformationen] *Ich habe in zwei Lesungen nur einen Oberkörper gesehen. Beim ersten Mal hatte der Mann etwas in der Hand. Ich dachte an einen Stab. Er hat damit geklopft und ich sagte dem Empfänger: Er hat einen Stock und er klopft. Der Empfänger konnte erst nichts damit anfangen, aber später teilte er mir mit, das sei wohl ein Gewehr gewesen: Für ihn bezöge es sich auf jemand in seinem Bekanntenkreis, der im Krieg gewesen war. Bei der nächsten Sitzung sah ich wieder denselben Oberkörper. Nun führte der Mann mit beiden Armen Schwünge aus, immer vor und zurück. Ich hatte das Gefühl, es handle sich um einen sportlichen Typ, was mir auch bestätigt wurde. Was kann ich tun, damit ich die Information gleich vollständig erhalte?*

Es braucht seine Zeit, und es braucht Übung. Wenn du mit Hingabe und Beharrlichkeit fortfährst, wird die Information konkreter und vollständiger werden. Doch kann es auch sein, dass du eben nicht das ganze Bild siehst, sondern nur Bruchstücke. Manchmal zum Beispiel sind es nur die Augen, das Gesicht oder der Mund. Deshalb ist es wichtig, dass wir einfach weitergeben, was wir sehen, ohne sogleich eine Schlussfolgerung zu ziehen.

Dabei immer unser Mantra bedenken: Was bedeutet es *für mich*?

Schließlich baust du in deine Nachricht auch die Emotion ein, die mit der Übermittlung einhergeht. Emotion ist ein wichtiger Schlüssel zum Tor medialer Erkenntnis. Der Geistigen Welt kannst du immer bekennen: Da verstehe ich etwas nicht. Gib mir die Information auf eine Art und Weise, die ich besser verstehen kann.

Bezogen auf deine erste Übermittlung könntest du schlicht Folgendes zum Empfänger sagen: Ich habe hier einen Mann. Ich weiß im Moment nicht, wer er ist. Diese Information wurde noch nicht gegeben. Deshalb beschreibe ich dir einfach, was ich erhalte: Ich sehe den Oberkörper. Der Mann hat eine lange Sache aus Holz in der Hand. Es kann ein Stab sein, es kann eine Waffe sein. Ich bin mir einfach unsicher.

Während du die einzelnen Worte aussprichst, horchst du in dich hinein: wie du dich fühlst, welche Schwingung du spürst. Und sprichst es aus, wie es kommt! Wenn du so verfährst, wird die Geistige Welt dir auch weitere Informationen übermitteln, die von Wichtigkeit sind. Es ist nicht nötig, dass du selbst sofort etwas damit anfangen kannst. Nicht wir selbst, sondern der Adressat der Botschaft muss es verstehen. Es ist also eine Kommunikation zwischen drei Beteiligten, und du bist die Schnittstelle. Du hast ein Beispiel gegeben, in dem der Empfänger es zuerst verstanden hat, wenn auch erst später. Das kommt häufig vor.

Bei der zweiten Übermittlung hast du es im Prinzip schon ganz richtig gemacht. Du hast beschrieben oder vielleicht auch nachgemacht, wie der Mann sich bewegt. Dann teiltest du dein Empfinden mit, und es wurde bestätigt. Der Empfänger hat es in seinen Zusammenhang übersetzt. Das heißt, die Geistige Welt gibt dir Informationen, die der Adressat versteht, und das ist die Hauptsache.

Ich finde, das war eine sehr gute Frage, weil sie uns allen dabei hilft, zu verstehen, wie Spirit mitarbeitet.

Ich habe immer noch kein Gefühl dafür, den Solarplexus auszudehnen. Wann ist er ausgedehnt genug, und wann geht er wieder zurück? Mir fehlt da einfach die Stabilität.

Behalte einfach im Hinterkopf, dass du den Solarplexus ausgeweitet hast. So weit, dass er die Wand berührt, die sich hinter der Person befindet, für die du arbeitest. Während der Lesung wiederholst du diesen Vorgang noch zwei- oder dreimal. Es geht gar nicht so sehr darum, das auch zu fühlen, sondern einfach in dieser Absicht zu sein. Du musst dir dessen bewusst sein, mit deiner Aufmerksamkeit dann genau dort sein. Es reicht im Grunde genommen die Intention.

Ich fühle sehr stark, wenn ich in einen Raum komme, wie dort die Energien sind. Ich kann es schlecht beschreiben, aber ich habe dann das Gefühl, dass mein Solarplexus dort »vagabundiert«. Ist das ein Problem, oder ist es einfach nur ein Teil von mir?

An sich ist es natürlich kein Problem. In unserer heutigen Welt aber kann es das werden. Du bist wohl sehr sensitiv und musst dich wahrscheinlich mehr erden.

Eine Freundin hat eine Cousine, mit der sie sich nicht gut versteht. Eine unangenehme Familiengeschichte. Und dazu möchte sie eine Lesung haben. Ich soll im Feld der Cousine lesen. Das finde ich übergriffig. Ich habe ihr stattdessen angeboten, in ihrem eigenen Feld zu lesen.

Was ich in diesem Fall mache, ist Folgendes: Ich rufe den geistigen Führer deiner Freundin an und frage, ob es etwas Wichtiges gibt, was deiner Freundin in Bezug auf deren Cousine mitgeteilt werden sollte. Wenn die Absichten deiner Freundin reinen Herzens sind, wird die Geistige Welt auch helfen.

Im Allgemeinen gilt: Als Medium sieht man sich damit konfrontiert, dass immer wieder Menschen kommen und bestimmte Informationen haben wollen, die wir aus ethischen Gründen nicht geben dürfen. Ob jemand betrügt, lügt oder in sonstige krumme Sachen verwickelt ist, gehört nicht ins Reich von Spirit, sondern ins Materielle. Lass dich nie dazu verleiten, herumzuspionieren oder Klatsch zu verbreiten. Gib die Verantwortung in die höchsten Höhen ab, was vertretbar ist und was nicht. So, wie ich es gerade beschrieben habe. Von dort wirst du Informationen bekommen, wenn das Herz der fragenden Person rein ist.

Wenn wir allein sind und die Geistige Welt anrufen, uns also niemand die Erlaubnis gibt, wen wir kontaktieren, sollten wir uns dann auf geistige Wesen konzentrieren, die wir als Menschen kannten? Oder stehen uns andere Möglichkeiten offen?

Es ist besser, wenn ihr jemand anruft, den ihr bereits gut kennt. Oder jemand, den ihr wenigstens kurz getroffen habt, dem ihr aber doch eine ehrliche Zuneigung entgegenbringt. Es kann sein, dass diese Person sich dann zeigt. Vielleicht kommt auch jemand anders mit dazu – ein geistiger Führer, Engel oder Avatar. Prinzipiell aber es ist es leichter, wenn wir jemanden anrufen, den wir geliebt haben oder zu dem eine persönliche Verbindung bestand.

Ich wurde von einem verstorbenen Menschen eingeladen, obwohl ich gar nicht so viel mit ihm zu tun hatte. Der ist sozusagen über viele Jahre hinweg gestorben, die Familie und die Ärzte haben ihn aber immer wieder gerettet. Ich habe das aus der Nachbarschaft verfolgt. Nach seinem Ableben ist er von sich aus auf mich zugekommen, um mich an seiner Erfahrung teilhaben zu lassen. Ich habe es gestattet, aber es hat mich doch etwas mitgenommen.

Das kann passieren, und es passiert sogar häufig. Sobald unser Bewusstsein den Körper verlässt, können wir von oben herab alles unter uns sehen, wie aus einem Hubschrauber heraus: unseren leblosen Körper und auch das ganze Drumherum, das die Hinterbliebenen veranstalten. Nur an diesen Ort zu denken, oder an eine bestimmte Person im Leben, bringt uns auch später sofort wieder dorthin. Das kann eine Rolle für die Herstellung des Kontakts gespielt haben.

Und wenn ein geistiges Wesen dann Hilfe braucht oder etwa eine wichtige Nachricht übermitteln will, dann nähert es sich einer Person im Reich der Lebenden. Falls diese den Input nicht empfangen kann, hält es sich an die Person, bei der es die meiste Sensitivität erwarten darf. Meine Vermutung ist, dass dieser ehemalige Nachbar dann dich gefunden hat: Du warst die Person, die am nächsten war und gleichzeitig die höchste Sensitivität aufwies. Warum auch immer: Du hast ihm dabei geholfen, Ruhe zu finden und in Frieden zu sein.

Wenn dir so etwas allzu häufig passiert, musst du lernen, Grenzen zu ziehen. Die Geistige Welt wird begreifen, wann du in der Lage bist, sie zu spüren, und wann nicht. Das musst du nur klar sagen und auf deinem wohlverstandenen Interesse beharren. In unserer eigenen Welt, wo wir nach eigenen Gesetzen leben müssen, ist dies einfach wichtig, um unsere ureigenen Aufgaben weiterzuverfolgen und unsere hiesigen Pflichten erfüllen zu dürfen.

Wissenswert: zwei unterschiedliche Formen der Medialität

Im Grunde genommen könnte man sagen, dass es so viele Formen der Medialität geben kann und muss, wie es Menschen auf der Erde gibt. Denn wir alle besitzen diese Gabe, zumindest unbewusst, und so individuell wir sind, so individuell tritt sie zutage. Allan Kardec (1804–1869), als Vater des modernen Spiritualismus bekannt, war auch an Systematik interessiert und zählte 73 unterschiedliche Ansätze. Um hinreichende Orientierung für unsere persönliche Arbeit zu gewinnen, reicht es aus, von grundsätzlich zwei verschiedenen Formen zu sprechen: von objektiver und subjektiver Medialität. Auch hier verläuft die Grenze fließend: Beide können in ein und derselben Person vereinigt werden, in unterschiedlicher Gewichtung.

In der Unterscheidung zwischen beiden Formen geht es hauptsächlich um die Beweise: darum also, auf welche Art das Medium Glaubwürdigkeit erzielt. Objektive Medien erhalten eine Manifestation durch die Geistige Welt, die auf die gleiche Art und Weise auch von allen anderen Menschen, die präsent sind, erfahren oder wenigstens beobachtet werden kann. Das wären sinnlich wahrnehmbare Erscheinungen, die nicht logisch erklärbar sind, wie Geräusche und Bewegungen von Gegenständen ohne äußere Einwirkung, »Ektoplasma« (feinstoffliche Erscheinungen am oder um das Medium herum) sowie stimmliche und mimische Veränderungen des Mediums während einer Trance. Solche Phänomene erhöhten während der ersten Phase des modernen Spiritualismus im 19. Jahrhundert in weiten Kreisen die Glaubwürdigkeit öffentlich auftretender Medien. Andererseits boten sie Gelegenheit für manchen Scherz und, ja, auch den einen oder anderen Betrug.

Heute dagegen arbeitet die weit überwiegende Mehrheit der Medien subjektiv. Das heißt: Das Medium nimmt für sich allein Kontakt auf und erklärt dann seine Erfahrungen. Alles wird geteilt. Das eben ist charakteristisch für subjektive Medialität. So kann Heilung auf allen Ebenen geschehen. Auch auf der Ahnenlinie. Deshalb ist diese Art Medialität so fruchtbar für alle, die daran teilhaben.

Übung

FEEDBACK ÜBEN

Wieder zwei Personen A und B. Malt kleine Zielscheiben mit drei Ringen. Dann wählt jeder drei Menschen aus, die er/sie gekannt hat und die jetzt im Himmel sind, und schreibt jeweils einen der drei Namen in einen Kreis auf seiner Scheibe. B soll diese Personen für A beschreiben. A hält währenddessen sein Papier in der Hand und fokussiert sich auf die gewählten Personen. Je näher B mit der richtigen Information in die Mitte kommt, umso besser. Wenn er/sie aber nur mit einer Person im äußeren Bereich Kontakt herstellen kann, ist das trotzdem okay. A sagt dann nicht: Du hast es noch nicht richtig gemacht – sondern hilft B, weiter in die Mitte zu kommen. Es geht also nicht nur darum, dass B selbst in Kontakt mit Spirit kommt, sondern auch darum, dass A das richtige Feedback gibt. A nimmt deshalb jede noch so kleine Information dankbar an, um die Lesung zu unterstützen und zu fördern. Wenn kein Kontakt aufgebaut wird, dessen Name in einem der Kreise eingetragen ist, wird schlicht gesagt: Nein, vielen Dank, damit kann ich nichts anfangen.

Wenn ich sage »beschreiben «, meine ich nicht, dass B den Namen nennen muss. Der Name steht einfach nur dort, damit A sich auf diese Person und ihre Energie fokussiert. Wenn B Qualitäten benennt, die auf nur eine der drei Personen zutreffen, dann ist das völlig ausreichend. Es geht darum, sich zu konzentrieren und die Energie der Person »hierher, nach unten« zu bringen.

Natürlich zeigt A den Zettel dem lesenden Partner nicht, sondern hält ihn in der Hand, schaut darauf und stellt sich die Menschen vor. Es ist okay für A, auch immer wieder einmal auf den Partner zu schauen, wichtig ist aber, immer wieder zurück zum Blatt Papier zu kommen, um innerlich in der Präsenz dieser Verstorbenen zu bleiben.

Rein praktisch verläuft die Übung für B so, wie wir es schon kennen, nämlich durch die Drei-Wege-Verbindung. Wichtig ist hier Folgendes: Es geht nicht darum, die Energie des Solarplexus auf das Stück Papier zu bringen, sondern zu der Person zu schicken, die an die Leute denkt, deren Namen auf dem Blatt stehen.

Wie gesagt: Bei dieser Übung kommt es ganz besonders auf das Feedback an: Also nicht mehrere Informationen abwarten, bis vielleicht eine richtige kommt, die bestätigt werden kann. Sondern auf jede Ansage sofort reagieren: Ja oder nein – damit kann ich etwas anfangen, damit kann ich nichts anfangen. A hält das Blatt in der Hand, fokussiert sich auf eine Person, dann auf die nächste, auf die dritte, dann auf alle drei zusammen und immer im Wechsel.

Person B bedenke stets, dass Informationen auf unterschiedlichen Clairs möglich sind. Ihr könnt sehen, ihr könnt hören, fühlen oder schmecken.

HÄUFIG GESTELLTE FRAGEN

Ich habe die richtigen Personen auf dem Zettel meiner Partnerin herausgefunden, aber nicht in der richtigen Reihenfolge von außen nach innen. Das hat mich doch etwas verunsichert.

Für uns ist nicht in erster Linie wichtig, zu wissen, wer diese Personen ganz konkret waren und wie nahe sie zum Empfänger standen. Wenn du dich zu sehr anstrengst, alles ganz genau herauszufinden, blockierst du den Fluss der Energie. Wenn du also zum Beispiel sagst, es kommt eine mütterliche Energie herüber, dann kann das die Mutter sein, die Großmutter oder auch die Schwester, wenn sie denn älter gewesen ist. Wenn du eine beschützende Energie spürst, dann könnte das der Vater sein, der Großvater oder der Onkel. Deutele nicht daran herum, die andere Person wird eher als du verstehen, von wem du sprichst. Und wenn sie die Nachricht verstanden hat, kannst du konkreter werden, um weitere Beweise zu liefern. Das dürfte dann dazu führen, dass jemand genau identifiziert wird: Oh, da geht es nicht um meine Mutter, das ist meine Tante/ältere Schwester. Also konzentriere dich wirklich nur auf das, was übermittelt wird, und gib es genauso weiter.

Ich spüre immer sehr stark körperlich und auch emotional, wie die Person, um die es in der Geistigen Welt geht, sich fühlt. Für mich war das jetzt so, dass ich sofort Herzprobleme hatte. Genau das bestätigte mein Partner dann auch in Bezug auf die kontaktierte Person. Herzprobleme fühlen sich besonders unangenehm an, und es dauerte, bis sie bei mir wieder verschwanden. So etwas übernehme ich oft. Wie kann man das danach abstellen?

Es ist leider so, dass ich dir sagen muss: Ganz grundsätzlich kannst du dagegen nichts tun. Hellfühlen ist offenbar dein hauptsächliches Clair. Es gehört zu dir, dagegen kannst du nichts machen. Was dir helfen kann, um damit klarzukommen, ist Erdung. Du kannst aber sicher sein, dass es nach der Übermittlung auch immer wieder ganz von allein verschwindet.

Bei einer Person hatte ich während der Übertragung im unteren Rücken große Schmerzen. Meine Intuition war, dass es jemand war, der sehr viel gearbeitet hat, und das wurde bestätigt. Dann haben wir zusammen dessen Arbeit gewürdigt, weil sie der Familie sehr gutgetan hat. Dabei musste ich aufstoßen, immer wieder. Es war keineswegs das erste Mal so und heißt für mich: Es geschieht Heilung. Können wir denn auch die Person heilen, die wir in der Geistigen Welt berühren? Übrigens waren danach meine Schmerzen im Rücken sofort weg. Stattdessen fühlte ich eine wohlige Wärme.

Zunächst zur Frage der körperlichen Reaktion: Es gibt immer wieder Heiler, die aufstoßen müssen, wenn sie die

Energie in der Aura bewegen. Ich weiß, das kann sich für den anderen komisch anfühlen. Es zeigt aber an, dass Energie bewegt wird und wie sich das innerhalb der Aura anfühlt.

Zur Heilung eines geistigen Wesens: Wir sprachen bereits darüber, dass alle Beteiligten vom Kontakt profitieren können: Empfänger und Übermittler – aber auch der Sender. Besonders wenn wir mit Symbolen arbeiten, ist das so, weil jeder Beteiligte ein Symbol auf seine eigene Weise verarbeitet. Deshalb würde ich sagen, dass die Heilung für euch alle bestimmt war.

Beweise: Wie du sie bekommst und mitteilst

Wir haben immer wieder erwähnt, dass Gefühle und Empfindungen unser Schlüssel sind. Wenn du etwas »siehst« – über welches Clair die Verbindung auch immer zustande kommt –, dann »fühlst« du dabei auch etwas. Es kann eine körperliche Regung sein, wie soeben berichtet, oder eine seelische Empfindung. Auch beides gleichzeitig. Sei dir also dessen gewahr, *was* du empfindest und *wie* – physisch und psychisch.

Die Geistige Welt kennt kein *Oder*. Sie kennt nur das *Und*.

Es kann sein, dass einige Körperteile unter Stress stehen. Sie werden als schwerer wahrgenommen, können heiß oder kalt werden, sich angenehm oder unangenehm anfühlen. Du stellst dir die Frage: Ist es nun wörtlich zu nehmen – also etwas, das der Sender jetzt selbst erlebt beziehungsweise auf Erden erlebte? Oder ist es ein Symbol? Es kann auch sein, dass eine emotionale Erinnerung aus deiner eigenen Vergangenheit hochkommt. Schieb es nicht weg, bloß weil es nicht im erwarteten Zusammenhang zu stehen scheint. Vielleicht ist es eine Übermittlung, die du nicht verstehst, dein Gegenüber aber womöglich sehr wohl.

Unsere gesamte Gefühlswelt, jegliche körperliche Wahrnehmung kann durch Medialität mobilisiert werden. Erinnerungen sind nicht nur Erinnerungen, sondern eine Empfindung, eine Erfahrung und damit eine Botschaft stehen dahinter.

WAS SPIRIT EUCH DURCH BEGLEITENDE EMOTIONEN ERKLÄREN WILL:

- Wie ein geistiges Wesen sich fühlt.
- Was es empfand, als es starb, und wie sein Übergang in die andere Welt gestaltet wurde.
- Wie es sich den Himmel vorgestellt hatte und wie es dort tatsächlich aussieht.
- Das geistige Wesen übermittelt eine Nachricht für einen geliebten Menschen auf der Erde.

→ Der Schlüssel zur Medialität sind Gefühle und innere Wahrnehmungen – psychisch und physisch. Der Input aus der Geistigen Welt wird nie stumpf und reizlos sein!

→ Wenn du nur etwas siehst oder denkst, ohne dass es etwas in dir auslöst, ist es Einbildung.

Warum will die Geistige Welt all diese Dinge uns ausgerechnet auf der Gefühlsebene und auf der Ebene körperlicher Wahrnehmungen mitteilen? Eben weil wir sie am besten *fühlen* und *empfinden* können. Und nicht, weil es logisch ist.

Wenn also etwas in dieser Art kommt, versuche tief einzusteigen. Versuche »hineinzugehen«, möglichst noch jenseits dessen zu kommen, was da vor oder in dir erscheint. Und schließe es in die Übermittlung mit ein.

Tipp

- Du sagst etwa: Wenn ich in deiner Energie bin, dann fühle ich dies und das.
- Oder: Wenn ich in der Präsenz dieses geistigen Wesens bin, dann fühle ich ... (konkrete Beschreibung des Gefühls).
- Es einfach fließen zu lassen hilft dabei, sich nicht selbst von Empfindungen überwältigt zu sehen.
- Du kannst sagen: Wenn ich in der Präsenz dieses geistigen Wesens bin, dann fühle ich eine überwältigende Emotion.
- Keine eigenen Werturteile vermitteln! Eher sagen: Das geistige Wesen lässt mich so und so fühlen.

Was für uns alle gilt, wenn wir hinübergehen

Das Sterben gehört zur Reise der Seele – und ein Ende ist dann immer auch ein Anfang. Wenn wir unseren Körper ablegen, gehen wir nach Hause, und das heißt: in ein neues Leben. Deshalb müssen wir, wenn wir über das Sterben sprechen, auch über das Leben vor dem Leben sprechen. Denn so, wie wir gelebt haben, werden wir auch sterben.

Die Emotionen, die deine Persönlichkeit geformt haben, werden dich nämlich im Sterbeprozess begleiten. Du wirst sie sehr klar spüren, wenn du hinübergehst. Dann aber musst du sie loslassen.

In der Woche vor unserem Ableben flutet eine Welle der Emotionen durch die Seele, und alles geht hin zum Licht: Aus Schlechtem wird Gutes, aus Gutem noch mehr Gutes. Das ist ein notwendiger Reinigungsprozess, und in der Stunde des Todes wird er dem Sterbenden von ihm nahestehenden geistigen Wesen erklärt. Sie werden ihm so erscheinen, wie sie selbst gelebt haben und wie sie gestorben sind. Das heißt, du wirst sie zunächst so sehen, wie sie zu ihren besten Zeiten aussahen. Dann so, wie sie starben, und schließlich, wie sie jetzt aussehen. Auch für sie selbst ist es wie eine Art Flashback.

Es ist klar, dass auch wir dabei die unterschiedlichsten Gefühle und Bilder haben werden. Da es aber für unsere logische Gehirnhälfte überhaupt keinen Sinn ergibt, was wir empfinden, versucht sie es wegzudrücken. Doch uns soll jetzt etwas sehr Wichtiges mitgeteilt werden. Je nach innerer

Bereitschaft kann der Prozess des Übergangs auch Wochen oder Monate dauern. Ohne Vorbereitung kann er uns in tiefe Verunsicherung stürzen. Spirit hilft auch hier, indem geistige Wesen uns informieren, wie sie sich dabei fühlten. Indem wir davon lernen, können wir besser loslassen.

Wer stirbt, dem geschieht etwas absolut Normales. Der Übergang ist etwas, was uns selbst voll und ganz entspricht. Du wirst nicht plötzlich allwissend oder heilig, wie manche glauben. Du bringst deinen Charakter und deine Persönlichkeit mit auf die andere Seite. Nur die Anhaftung an die physische Welt lässt du los. Das heißt, du hast in diesem Moment kein Ego mehr.

Aber du bleibst trotzdem immer noch der- oder diejenige, der oder die du nun einmal bist. Der Sterbeprozess beginnt lange bevor das Herz aufgehört hat zu schlagen, manchmal sogar Jahre zuvor. Einer Person in unserer Kultur wird das in der Regel nicht bewusst. Aber die Seele weiß es, und es ist leicht festzustellen, dass sie sich darauf vorbereitet. Menschen, die bald sterben werden, sortieren ihre Papiere und entschuldigen sich bei Menschen, denen sie unrecht getan haben. Sie versuchen, ihr Leben in Ordnung zu bringen. Auch wenn sie wegschieben, warum sie das tun, versuchen sie es trotzdem, weil sie unbewusst erahnen, dass es einen Einfluss auf ihr Nachleben haben wird, wie sie ihr Leben im Hier und Jetzt abschließen.

Und was in unserer heutigen Welt noch weniger bekannt ist: Auch die Bewusstheit beim Hinübergehen wird Einfluss auf das Leben auf der anderen Seite haben. Zumindest am Anfang der Existenz dort. Sobald aber die Emotionen weggewaschen sind, weil der Geist daran gearbeitet hat, wird die Seele erhoben.

DIE REISE DER SEELE

- So, wie du lebst, wirst du auch sterben.

- Wenn du in Angst lebst, wird beim Sterbevorgang auch Angst auftreten. Wenn du großzügig lebst, Großzügigkeit usw.

- Die Reise beginnt schon lange vor dem eigentlichen Tod. Tage, Wochen, Monate und manchmal sogar Jahre.

- Die Art und Weise, wie du stirbst, beeinflusst deine Ankunft im Jenseits und deine Reise danach.

- Zumindest in der ersten Zeit nach dem Ableben erhält die Person ein Leben nach dem Tod, das ihr gefällt.

DINGE, DIE DAS HINÜBERGEHEN BEEINFLUSSEN KÖNNEN

- **Der Zustand des Geistes:** Wenn jemand verwirrt oder betäubt war, kann es schwieriger werden, zu erkennen, dass man den Körper verlassen hat.

- **Glaube und Spiritualität:** Wissen über das Leben nach dem Tod fördert, dass die Seele rascher loslassen kann. Nichtwissen kann sie länger an der irdischen Ebene klammern lassen.

- **Wissen um bevorstehendes Ableben:** Es ist wichtig, es der Person zu sagen, wenn sie bald sterben wird. Die Seele weiß es immer, wenn es so weit ist – sich dessen unbewusst zu bleiben kann aber das Sterben erschweren.

- **Innere Vorbereitung:** Sich vor Augen zu halten, dass man gehen wird, kann beim Hinübergehen helfen, sofern man sich auch Zeit zur Vorbereitung nimmt.

HÄUFIG GESTELLTE FRAGEN

Ich hatte vor Jahren eine Nahtoderfahrung. Nun kam das während einer Übung wieder hoch und ich habe mich emotional überschwemmt und wehrlos gefühlt. Was kann ich in solch einer Situation tun, um mich zu schützen?
Zunächst einmal ist festzuhalten: Wer eine sogenannte Nahtoderfahrung macht, kommt oft mit einer erhöhten Sensibilität zurück. Ich selbst spreche lieber von Sterbenserfahrung, weil diese Menschen tatsächlich tot waren. Emotionale Überschwemmung während einer Übermittlung kann aber auch aus anderen Gründen eintreten. Die Frage ist also für alle nützlich, die medial unterwegs sind. Ich kann nur sagen, was ich selbst dann mache.

So eine Welle der Emotionen ist nämlich schon im Anflug zu spüren. Bevor sie über mich hinweggeht und mich womöglich auch körperlich sehr beanspruchen kann, treffe ich Vorsorge: Ich lege eine Hand auf meinen Solarplexus, und mit der geöffneten anderen Hand berühre ich die Energie der anderen Person. Ganz wichtig: Dabei niemals diese Person selbst berühren! Sonst geht man in ihre Energie noch weiter hinein. Gleichzeitig bitte ich das geistige Wesen, einen Schritt zurückzutreten. Auch ich selbst gehe (körperlich) zwei, drei oder vier Schritte zurück. Sodann versuche ich meine Energie zu zentrieren, nehme einen tiefen Atemzug, ohne die Hand vom Solarplexus zu nehmen. Schließlich trete ich wieder näher und beende die Nachricht.

Das ist es, was ich dann mache. Und es funktioniert.

Übung

MIT DER GEISTIGEN WELT »TELEFONIEREN«

Für diese Übung benötigen wir ein nicht ans Netz angeschlossenes Telefon. Gegebenenfalls stelle dein Handy auf Flugzeugmodus.

Wir arbeiten am Clair des Hellhörens. Schreib als Erstes den Namen einer Person auf, die du gut gekannt hast und die jetzt im Himmel ist. Es könnte auch einer der Namen aus einer früheren Übung sein. Meine Frage wäre nun: Kannst du dich an die Telefonnummer der gewählten Person erinnern? Dann schreibe auch sie auf. Wenn nicht, denk dir jetzt eine aus. Das geht so: Auf deinem Handy stehen unter jeder Nummer Buchstaben. Wenn ich jetzt Maria anrufen will, wären das die 6 bei M, die 2 bei A, die 7 bei R, die 4 bei I und wieder die 2 bei A. Es wäre also die Nummer 62742.

Ich erkläre es wieder mit Person A und Person B. B soll die Person von A anrufen.

B fragt A, wer heute angerufen werden soll.

A sagt den Namen (nur den Namen, nicht die Art der eigenen Verbindung zur Person).

B fragt nach der Nummer.

A sagt die Nummer.

B erzeugt die Verbindung mit der Drei-Wege-Verbindung, um danach die Nummer zu wählen und den Hörer ans Ohr zu halten.

→ Diesmal jedoch wird der Solarplexus nicht nach außen gebracht, sondern du versuchst, dein Ohr auszuweiten und durch die Telefonleitung zu gehen, bis zu der Person, mit der du jetzt telefonierst.

Du versuchst, die andere Person wirklich zu hören. Es funktioniert nicht immer sofort, stattdessen wird etwas anderes durchkommen: Gefühle, Bilder, Eindrücke. Was auch immer: Nimm es so, wie es zu dir gelangt. Es ist immer auch in Ordnung. Selbst wenn du nichts hörst, ergibt die Übung Sinn, weil du das »Hellhören« trainierst, und das kann etwas ganz anderes sein als körperliches Hören.

Es hilft, wenn du so sprichst wie beim alltäglichen Telefonieren. Bring den anderen Teilnehmer zum Reden. Sprich mit ihm. Frage ihn, ob er wirklich dran ist. Teile mit, von wo du anrufst. Wer du bist. Und warum du anrufst. Sei spielerisch! Lebhafte Entspanntheit lockt Intuition an!

Dies ist eine Übung, die du auch allein machen kannst. Nimm das Telefon, stelle es auf Flugzeugmodus und rufe an!

HÄUFIG GESTELLTE FRAGEN

Am Anfang war das Gespräch ein bisschen holprig. Aber je weniger ich darüber nachdachte, umso besser floss es und immer schneller. Es kam so weit, dass eine Antwort da war, bevor ich meinen Satz am Telefon ausgesprochen hatte.

Hast du denn wirklich etwas gehört?

Also das meiste schon. Und sonst hat man mir Bilder oder Gefühle gegeben.

Hast du es in deinem Ohr oder außerhalb deines Ohres gehört?

In meinem Ohr.

Exzellent!

Ich hatte das Gefühl, die Nachricht kam über den Hinterkopf zu mir. Das Ohr wurde warm, und gleichzeitig war dieses Gefühl da hinten drin, dass wirklich etwas durchkam.

Du hast gespürt, worüber wir schon vielfach gesprochen haben: Unsere »Empfangsantenne« ist genau dort, wo du es beschreibst: am oberen Nacken. Man kann es an Ort und Stelle auch als Druck oder durch eine andere körperliche Reaktion spüren.

Ich hatte das Gefühl, dass über mein Ohr auch mein Bildkanal geöffnet wurde. Die Aufmerksamkeit legte eine Art von Tunnel übers Ohr, und dann hat es mir etwas Visuelles gebracht.

Was du beschreibst, ist recht weit verbreitet. Es bedeutet, dass du dich wirklich gut mit der Geistigen Welt verbunden hast. Ein bestimmtes Clair öffnet sich, und dann kommt noch mehr dazu. Es entwickelt sich etwas aus sich selbst heraus.

Mein Gesprächspartner hatte eine wunderschöne Stimme. Er hat mir auch sehr viel erzählt, und dazu habe ich gesehen, was er übermitteln wollte. Gleichzeitig waren meine Emotionen sehr stark.

Das sind jetzt zwei Dinge, die du beschreibst. Zum einen hast du auf dem Ohr diese Geschichte, und dazu lässt dein Gehirn Bilder entstehen. Das haben wir ja auch beim normalen Telefonieren. Was würde – nur zum Beispiel – passieren, wenn ich sagte: »Denk bloß nicht an Eisbären!«? Nun, du würdest sofort an Eisbären denken.

Wie du deine Emotionen beschreibst, bestätigt noch etwas anderes: nämlich dass du all das nicht etwa nur erfunden hast. Emotionen und körperliche Empfindungen beweisen das. Je mehr du ins Gefühl kommst, umso besser.

Wissenswert: Grundbegriffe der Medialität

Déjà-vu
Heißt wörtlich »schon gesehen«: Man sieht etwas, das man genauso schon einmal gesehen und erlebt zu haben glaubt, ohne dass es dafür eine rationale Erklärung gibt. In der Psychologie wird es als Fehler in der Verbindung zwischen optischem Sinneseindruck und Wahrnehmungsverarbeitung im Gehirn betrachtet. Aus meiner Sicht ist es aber so, dass dein Energiekörper bereits in dieser Situation anlangte, bevor auch der physische Körper dort ankam. Du hast es also tatsächlich schon einmal erlebt, wenn auch nicht mit den physischen Sinnen, und daran erinnerst du dich.

Pressentiment
Etwas, das im Voraus gesehen wird und größere, überpersönliche Ereignisse betrifft. Tritt häufig in Träumen auf.

Präkognition
Hier betrifft die Antizipation die persönliche Ebene, vor allem einen selbst.

Apporte
Geräusche und andere sinnliche Ereignisse, die aus der Geistigen Welt hervorgerufen werden, etwa Poltergeist-Phänomene.

Transfiguration
Spirit äußert sich für längere Zeit im Gesicht des Mediums und nähert dessen Aussehen dem des geistigen Wesens an, mit dem die Verbindung besteht.

Schatteneffekt
Das Gesicht des geistigen Wesens wird wie ein flüchtiger Schatten in dem Gesicht des Mediums sichtbar, verschwindet also rasch wieder. Es tritt häufig in größeren Menschenmengen auf.

Channeling und Trance
Was ich hierzu erkläre, reflektiert meine persönlichen Erfahrungen. Es kann also sein, dass ein anderes Medium dazu eine andere Meinung hat.

TRANCE UND CHANNELING: IST DAS DAS GLEICHE?

TRANCE: Es gibt drei Arten oder Kategorien:

Leichte Trance:
Die Geistige Welt kommt dem Medium nahe und erzählt oder zeigt etwas, was vom Medium detailgenau erzählt werden kann. Das Medium behält stets die Kontrolle und kann die Erfahrung jederzeit beenden.

Tiefe Trance:
Damit das Medium sie herbeiführen kann, muss es vorher geschult worden sein. Sein eigenes Bewusstsein tritt zur

Seite, sodass die Geistige Welt seine Stimmbänder oder andere Körperteile benutzen kann, um sich selbst zu äußern. Das Medium sieht sich selbst von oben (im Abstand von 1,5 bis 2 Metern), quasi als Zuschauer, erlebt indes die Erfahrung in der ersten Person. Erzählt wird diese jedoch in der dritten Person. Das Medium hat ein geringes Zeitempfinden, kann das Erlebnis jedoch jederzeit abbrechen, braucht dafür nur mehr Zeit.

Tiefe hypnotische Trance:
Das Medium braucht eine weitere Person, um die Trance herbeizuführen und um es wieder herauszubringen. Es hat kein Zeitempfinden und später keine Erinnerung an das Erlebnis. Spricht in der ersten Person.

CHANNELING:
Ähnlich wie leichte Trance, aber »softer«. Die Geistige Welt spricht, das Medium hört/fühlt/spürt, was vermittelt werden soll, und erzählt es anschließend. Es entsteht also eine Pause zwischen Übermittlung und Bericht. Das Medium kann verschiedene Hilfsmittel verwenden, um die Erfahrung zu unterstützen: Schreiben, Zeichnen etc. (in Trance ist das nicht nötig).

Es erfordert eine Menge Training, damit der Verstand sich nicht einmischt und sich die Botschaften nicht mit den eigenen Wünschen, Hoffnungen und Projektionen des Mediums vermischen. Es funktioniert besser, wenn wir weniger Informationen über den zu Lesenden haben.

Unsere spirituelle Heimat: die Seelenfamilie

Spirit kann nicht stellvertretend für dich dein Leben führen! Eines der schönsten Geschenke, das wir bekommen haben, als wir auf dieser Erde inkarniert wurden, ist unser freier Wille. Die Geistige Welt wird dich immer unterstützen wollen, die richtige Entscheidung zu treffen. Sie kann sich einschalten, dich aber nicht dazu bringen. Das letzte Wort liegt immer bei dir. Das heißt auch, du bist immer selbst in Kontrolle, wenn du die Geistige Welt anrufst.

→ Du selbst bist die wichtigste Person in deinem Leben. Und deine Seelenfamilie hilft dir, es so zu führen, wie es dir bestimmt ist.

DEINE SEELENFAMILIE: WAS SIE BEDEUTET, WAS SIE WILL

- Deine Seelenfamilie ist deine eigentliche, wahre Familie: Menschen, mit denen du auf der Seelenebene immer verbunden bist.
- Jeder hilft, die anderen in diesem Leben zu unterstützen.
- Es geht darum, dass jedes Mitglied seine eigene Seelenmission erfüllen kann.

- Die Seelenfamilie ist nicht auf die biologische Familie beschränkt, schließt sie aber mit ein.
- Auch Tiere können zu deiner Seelenfamilie gehören.

Emotional gesehen kann es gemischte Erfahrungen hervorbringen, sich gegenseitig zu unterstützen. Das eigene höchste Potenzial zu entfalten ist weder das Bequemste für uns selbst, noch entsprechen die Anforderungen, die gestellt werden, stets unserem persönlichen Geschmack. Vielleicht ist der Chef, den du nicht magst, ein Teil deiner Seelenfamilie? Vielleicht hat er dir deshalb soeben den Marsch geblasen? Jeder Mensch, der Einfluss auf dein Leben hat, kann ein Teil deiner Seelenfamilie sein!

Die Seelenfamilie wartet auf der anderen Seite aufeinander, bis sie wiedervereinigt ist. Dann entscheiden alle gemeinsam, wie sie zusammen zur Erde zurückzukommen. Wenn jemand in deinem früheren Leben vielleicht deine Mutter war, ist diese Person dann womöglich deine Schwester, deine Freundin oder deine Nachbarin.

Die Verbindung wird immer bleiben, sie ist unauflösbar. Manchmal kann eine Seele es als ein schweres Los empfinden, sich ausgerechnet in der sehr dichten Materie der Erde zu verkörpern. Aber es hat seinen Sinn.

Jede Seele, die auf der Erde inkarniert, ist eine mutige Seele. Reinkarnation ist keine Bestrafung, wie manche zu denken scheinen – es ist eine Chance! Wir leben hier in einer sehr dichten Dimension, wir können so viele Dinge fühlen, wir haben die Gelegenheit, sehr viele Erfahrungen zu machen, in einer kurzen Zeit sehr viel zu lernen und ein großes Stück unseres Entwicklungsweges zurückzulegen. Nur ist das eben nicht einfach in einer ausgesprochen materialistischen Welt.

HÄUFIG GESTELLTE FRAGEN

Die Seelenfamilie kommt also zusammen wieder in ihr neues Leben. In welchen Zeiträumen geschieht das?

Es hängt mit der heiligen Zahl Sieben zusammen: Es gibt sieben Dimensionen mit jeweils sieben unterschiedlichen Schichten, sieben Lichtstrahlen, sieben Erzengel, um nur einiges zu nennen. In der Regel dauert es sieben Generationen, bis alle Mitglieder einer Seelenfamilie wieder vereinigt sind und die nächste Inkarnation ansteht.

Wenn eine Seele wieder inkarniert ist, kann man dann trotzdem zu ihr medialen Kontakt bekommen?

Es gibt durchaus die Meinung, dass dies möglich ist, sobald die Seele sich in verschiedene Teile teilt. Meine Erfahrung sagt mir jedoch, dass es nicht möglich ist. Wenn die Seele wieder im Körper ist, dann ist sie nicht auf der anderen Seite. Medialer Kontakt im wirklichen Sinn ist also nicht möglich. Ich will es mit einer Analogie erläutern:

Wenn ich jetzt das Regal hinter mir herunternehme und woanders aufhänge, ist dort, wo es bisher gewesen ist, nichts mehr, auf das man etwas stellen kann. Aber du wirst eine Markierung an der Wand sehen. Du wirst erkennen können, wo das Regal vorher gehangen hat.

Die Markierungen, die auch eine Seele im Lauf ihres Lebens hinterlässt, nenne ich »Imprägnierungen«. Es sind

Orte mit einer bestimmten Stimmung, einer Emotion, einer Schwingung. Und es gibt Menschen, die dafür sensitiv sind und dort womöglich sogar Informationen lesen können. Vielleicht glauben sie auch, damit selbst Medien zu sein. Tatsächlich aber ist es so, dass sie kein Feedback aus der Geistigen Welt bekommen haben. Es fand keine Unterhaltung mit Spirit statt. Trotzdem wird es oft als solche aufgefasst.

Wenn Gott doch ohnehin schon allwissend und perfekt ist und wir auch göttlicher Natur sind: Warum inkarnieren wir dann überhaupt noch? Da müssten doch auch wir doch schon längst perfekt sein.

Es gibt gewisse Dinge, die wir nur hier auf dieser Erde durchleben und erfahren können. Zum Beispiel Wasser zu berühren. Einfach auch mal ins nasse Gras fassen. Oder sich künstlich aufzuregen und die Konsequenzen zu erfahren! Eigentlich ist es für die Seele auf der Erde ein bisschen so, als käme sie in einen Abenteuerpark. Speziell in unserem Zeitalter, wo es so viele Möglichkeiten für ein menschliches Leben gibt.

Aber es gibt eine Falle: Das ist das Ego. Es will dich denken lassen, du wärst selbst der Protagonist und hättest die Hauptrolle inne. Das ist der Punkt, wo du dich verlieren kannst. Und unser aller Hauptaufgabe ist, es nicht zu gestatten. Aber du hast ja deine Verbündeten, deine geistigen Führer, deine Seelenfamilie. Und wenn du alle Rollen durchgespielt hast, wenn es nichts Neues mehr gibt, dann brauchst du nicht nochmals zu kommen. Dann kann es sein, dass du für jemand anderen ein geistiger Führer wirst. Die müssen tatsächlich nicht mehr zurückzukommen. Manche wollen es aber – eben um uns zu helfen. Es ist ihre Wahl, ob sie es tun oder nicht.

Denke immer daran: Wenn du auf die andere Seite gehst, fragen sie dich nicht, wie viele Häuser und Aktien du hattest. Sie fragen dich: Wie viele Herzen hast du berührt?

Ist der Kontakt zu Geistführern schwieriger als der zu Verstorbenen?

Es ist eigentlich das Gleiche. Nur die Energie, die du spürst, wird sich unterscheiden. Die geistigen Führer sind von sehr subtiler Energie, und du musst offener sein, um sie spüren zu können. Aber die Kontaktaufnahme ist genau gleich. Und es ist tatsächlich so, dass sie sich selbst dafür entscheiden, zu kommen.

Tiere in der Geistigen Welt

Lange war ich mir selbst unsicher, obwohl ich gerne glauben wollte, dass es einen Himmel für Tiere gibt. Ich wünschte es mir wirklich sehr, doch Sicherheit hatte ich anfangs nicht. Zunächst war es so, dass eine verstorbene Person für das Tier, über das ich Informationen wollte, zu mir gesprochen hat, nicht aber das Tier selbst. Also habe ich die Geistige Welt intensiv gebeten, mir zu zeigen, wie es sich wirklich verhält mit den Tieren.

Tatsächlich hatte ich bei meinen Lesungen daraufhin zahlreiche Begegnungen mit wilden Tieren und Haustieren. Im Ergebnis kann ich mit Sicherheit sagen: Es gibt einen Himmel für sie! Er gestaltet sich allerdings doch anders als für uns, weil Tiere kein so starkes Gefühl für ihr eigenes Selbst und für ihre eigene Individualität haben. Wenn ein Außerirdischer auf die Erde schaute und sich entscheiden sollte, wie die Erde zu retten sei, wäre ich mir nicht sicher, ob er die Menschheit mitretten wollte. Dabei bilden wir Menschen im Grunde doch das höchstentwickelte Königreich der Schöpfung auf Erden.

Als Kind war ich an Wochenenden, in den Ferien und zu Weihnachten immer auf dem Bauernhof, von dem meine Mutter stammt. Die Kuh hatte man dort wegen der Milch und des Fleisches, das Schwein nur wegen des Fleisches. Den Hund, damit er auf Haus und Hof aufpasste, und die Katze, damit sie die Mäuse fraß. Ein Tier ist auf einem Bauernhof ein Nutztier, sonst nichts.

DIE KÖNIGREICHE DER SCHÖPFUNG

Die Reise der Seele führt durch alle Stufen des Bewusstseins. Man nennt sie auch Königreiche der Schöpfung, und wir durchlaufen sie alle: vom Mineral über die Pflanzen und Tiere bis zum Menschen. Das Menschsein gilt als die höchste Stufe der Evolutionsleiter auf unserem Planeten, aber auch als die schwierigste.

Auf dieser Erde zu inkarnieren und besonders jetzt, in diesem Zeitalter, ist eine große Belohnung für die Seele. Denn wir haben eine sehr schwierige Zeit und damit eine besondere Chance, uns rasch und weitgehend zu entwickeln.

Mein Großvater nannte mich den Hundefreund. Ich war der komische Kerl, der unbedingt wollte, dass die Tiere nicht leiden sollten, weil auch sie fühlen können. Ich habe die Ställe sauber gemacht und alle Tiere respektvoll behandelt. Und manchmal habe ich sie sogar befreit.

Nun bin ich froh, wenn doch immer mehr Menschen einzusehen beginnen, dass wir liebevoll mit den Tieren umgehen sollten. Sie unterstützen auch uns mit der Entwicklung ihrer eigenen Seele. Zum einen, weil sie uns etwas über bedingungslose Liebe, über Loyalität, über Würde und Integrität lehren. Zum anderen, weil sie uns sogar seelische Aufgaben abnehmen, damit wir mit unserer eigenen Mission auf Erden weitermachen können.

Manchmal machen sie ihre Arbeit so gut, dass sie selbst Menschen werden können. Haustiere können eine so ausgeprägte Persönlichkeit aufweisen, dass man zu sagen pflegt: Sie können doch alles, außer mit uns sprechen. Möglicherweise sind es Seelen, die als Menschen auf die Erde zurückkehren werden. Oft inkarniert ein Haustier aber auch als ein anderes Haustier.

Nicht jedes Medium ist in der Lage, in der Geistigen Welt auch Tiere zu sehen. Es kann damit zusammenhängen, in welcher Kultur man aufgewachsen ist. Das Verhältnis des Schweizers zu einer Kuh wird nicht dasselbe sein, das der Inder zu ihr hat. Ein Hund wird in Peking nicht so angesehen wie in London. Auch davon kann es abhängen, ob ein Medium in der Lage sein wird, Botschaften von den Tieren zu übermitteln – oder eben nicht.

WIE KOMMUNIZIEREN TIERE AUS DER GEISTIGEN WELT MIT UNS?

Wenn in deiner medialen Arbeit auch Tiere zu dir kommen, können drei unterschiedliche Dinge geschehen:

1. Das Tier kann als Symbol in deinem eigenen Symbol-Werkzeugkasten erscheinen. Ein Vogel kann zum Beispiel Freiheit bedeuten, ein Hund Loyalität, eine Katze Fähigkeit.

2. Du kannst das Tier sehen oder fühlen, damit du etwas über die andere Seite erfährst, zum Beispiel, wenn ein Tier dort einen Verwandten von dir begleitet. Oder dieser berichtet dir selbst etwas über das Tier.

3. Das Tier spricht direkt mit dir selbst.

Visuell erscheinen Tiere im medialen Kontakt oft nur wie im Vorübergehen.

Manchmal kannst du ihren **Atem** hören.

Oder du kannst sehen, wie ihre **Spielzeuge** durchs Haus bewegt werden.

Die meisten Medien können Tiere **fühlen** und etwas über sie **wissen**. Wenn du wirklich ein sehr enges Verhältnis zu deinem Haustier hattest, wird es sich gern so melden, wie es sich in deiner Gegenwart gab: Wenn du nach dem Mittagessen ein Schläfchen hieltest und es auf deiner Brust mit ruhte, könntest du jetzt dort sein Gewicht spüren. Es kann sogar sein, dass dein Körper taub wird. Oder du kannst es fühlen, wie es sich an deine Beine lehnt.

Manchmal kommen sie in Begleitung, die einem **Schutzengel** ähnelt. Er wacht dann über sie und eure Beziehung zueinander.

Während der ersten beiden Jahre nach seinem Ableben wird dein Haustier dich öfter besuchen. So, als würde es Sorge tragen, dass es dir auch wirklich gut geht.

EIN SEHR PERSÖNLICHES BEISPIEL FÜR TIERKOMMUNIKATION MIT DER GEISTIGEN WELT

Nun erzähle ich etwas, was für mich etwas ganz Besonderes war. Es soll nochmals belegen, wie wichtig es ist, auf eigene Emotionen während des medialen Kontakts zu achten und sie in die Botschaft einzubauen.

Als Boy, mein kleinster Hund, anderthalb Jahre war, erlitt er eine Beißattacke durch einen wilden Eber. Das Tier stieß wild mit seinen Hauern in sein Fleisch, hob ihn empor und schleuderte ihn fort. Boys Verletzungen waren furchterregend. Unter der Achsel eines Beins war das Gewebe völlig zerfetzt. Er verlor einen Hoden. In der Luftröhre war ein Loch. Und das Zwerchfell war in mehrere Teile zerrissen.

Der Tierarzt meinte, mein Hund schaffe es wohl nicht. Ich aber bestand auf einer Operation. Und rief die Geistige Welt an, betete und meditierte. Eines Tages hatte ich eine Vision: Boy rannte auf mich zu und leckte mein Gesicht. Mich erfasste ein unsagbares Gefühl der Freude, es erfüllte mich ganz und gar – und da wusste ich, mein Hund würde okay sein. Boy nannte mir sogar ein Datum!

Tatsächlich überlebte er. Als ich ihn aus dem Tierkrankenhaus abholte, hieß es, in neun Wochen könnten die Fäden gezogen werden. Das wäre fünf Wochen nach dem Datum aus meiner geistigen Begegnung mit Boy gewesen. Ich sagte also, wir würden bereits nach vier Wochen wiederkommen. Der Tierarzt schüttelte energisch den Kopf. Es war klar, dass er mich für einen Spinner hielt.

So begann die zweite Phase der geistigen Heilung für meinen Hund. Ich betete, ich rief den Himmel und Spirit an. Und ich legte meine Hände auf seine Wunden. Alles, was man dann eben so machen kann, als »Spinner«. Nach vier Wochen waren wir wieder in der Klinik. Der Tierarzt mochte es kaum glauben, dass er tatsächlich die Fäden ziehen konnte! So etwas hätte er noch nie erlebt. Schließlich bat er mich noch um ein Bild von Boy und mir, um es in seinem Arbeitszimmer aufzuhängen, damit auch andere Tierhalter dieses »Wunder« bestaunen könnten.

Boy hat danach noch über zwölf Jahre gelebt. Seit seinem Hinübergehen zeigt er sich mir immer wieder. Ich sehe ihn, wie er aus weiter Ferne zu mir kommt. So, als würde er auf mich zu schweben. Und dann leckt er mein Gesicht.

Tierkommunikation mit der Geistigen Welt ist noch einmal etwas Besonderes. Aber das wirst du schon selbst herausfinden.

Tipp

TESTEN DES EMPFANGS, BEWEISE FÜR DIE BOTSCHAFT

Aus gutem Grund sage ich immer wieder: Wir müssen das Gefühl, das Empfinden zulassen und in die Botschaft, die wir lesen, einbauen. Und wir können austesten, ob es wahr ist oder nicht.

Auch weil es für mich selbst ungewöhnlich war, was ich mit Boy erlebte, scheute ich mich nicht, es auch zu überprüfen, was er mir aus der Geistigen Welt zukommen ließ.

Ich sagte zu ihm: Wenn du es wirklich bist, der jetzt mit mir redet, dann gib mir einen klaren Beweis dafür. Und bitte möglichst so, dass ich es verstehen kann. Damit wir sicherstellen, dass wirklich du selbst es bist, der mit mir spricht.

Und ich bat ihn, mit mir etwas zu machen, das ich den »Liedertest« nenne.

Dieser Test geht so:

Am Radio drücke ich auf automatischen Senderlauf. Das erste Lied, das ich höre, soll den Beweis erbringen.

Bei meinem Hund war es ein Lied von Umberto Tozzi. Es heißt *Ti amo* (Ich liebe dich).

Übung

REISEN MIT SPIRIT

In dieser Erklärung arbeitet A mit der Geistigen Welt, B gibt Feedback.

A stellt sich vor, in einen Zug einzusteigen, schaut sich um, wo ein Platz frei ist, aktiviert dabei die Drei-Wege-Verbindung. Nach der üblichen Ausdehnung lässt er den Solarplexus hierbei aber los – die Ausdehnung findet nur anfangs statt.

Die einzige Person aus Fleisch und Blut, die sich in diesem Zug befindet, ist nun A. Sonst kann es sich um Verstorbene handeln, auch um Führer, Engel und so weiter. Vielleicht auch um Tiere.

Wenn du einen schönen Platz gefunden hast, wo du sitzen kannst, sollst du zuerst aus dem Fenster schauen.

Vielleicht siehst du eine Graslandschaft, vielleicht Bäume, vielleicht siehst du Felsen. Oder du fährst durch eine Stadt. Vielleicht siehst du auch gar nichts, weil es dunkel ist und der Zug durch einen Tunnel fährt. Jedenfalls bewegt er sich ständig weiter.

Was du siehst, wird sofort erzählt. Es ist spielerisch. Es ist spontan. Keine langen Pausen, nur kurze Sätze! Auch darüber, wie du dich fühlst.

Währenddessen gibt Person B Feedback: Ja, damit kann ich etwas anfangen. Damit eher nicht. Für die Betreffenden soll es Sinn machen, was übermittelt wird. Löst es etwas aus? Vielleicht sieht A den Familienbesitz oder etwas anderes, das mit B zu tun hat. Informationen, die nur zum Teil richtig sind, werden von B in ihrem richtigen Teil ebenfalls bestätigt: Kommen dann noch mehr Informationen? B unterstützt A, eine reelle Chance zu erhalten, mehr in die Tiefe zu gehen, um weitere Details zu übermitteln.

Dann schaut Person A auf die Seite. Nun geht es darum, dass sie Kontakt mit den geistigen Wesen im Zug aufnimmt. Als Erstes heißt A sie alle willkommen. Es können, wie gesagt, Wesen ganz unterschiedlicher Art sein. Wer weiß das schon? Es ist ja eine offene Lesung. Alles wird übermittelt. Sei spielerisch. Offen für alles, was sich zuträgt und gesprochen wird. Schaue und spüre in alle Bereiche der Räumlichkeit.

Und wenn du nichts siehst oder hörst? Dann fühlst oder riechst du vielleicht etwas. Bedenke, dass du unterschiedliche Kanäle hast.

Und währenddessen immer Feedback!

Medialität in unserer interkulturellen Welt

In der heutigen Welt vermischen sich die Symbolwelten und Glaubensvorstellungen mehr und mehr. Sobald ein und dieselbe Person, aus welchen Gründen auch immer, Einflüsse aus mehreren Kulturen erhält, wird es sich auch auf die Arbeit eines Mediums mit dieser Person auswirken.

Nehmen wir an, die Person, für die du den Kontakt mit der Geistigen Welt herstellen willst, wuchs in Mexiko-Stadt auf und ist muslimischen Glaubens. Dann wäre es eine ganz normale Sache, in der medialen Arbeit mit ihr Symboliken, geistige Führer und sonstige Wesenheiten auftreten zu sehen, die aus drei unterschiedlichen kulturell-religiösen Hintergründen stammen: indigen, römisch-katholisch und muslimisch.

Ich gebe zu, das ist ein extremes Beispiel, aber es dient ja nur der prinzipiellen Orientierung für die Praxis. Etwas Derartiges kann dir sehr wohl irgendwann unterkommen, im Zeitalter der Globalisierung. Es wäre dann ganz unpassend, sich nur darauf zu berufen, dass die als Beispiel gewählte Person muslimischen Glaubens ist.

Solange du noch unsicher bist, ob es sich um etwas Reales handelt, wenn sich bei ihr jetzt ausgerechnet die Mutter Maria meldet, greife zu unserer bewährten Methode: alles zu berichten, was übermittelt wird, *aber ohne Zusatz und Wertung*. Du kannst sagen: Ich sehe in der Familie, dass da auch die Energie von Mutter Maria vorhanden ist. Und dich natürlich auch wieder selbst fragen: Was bedeutet die Energie

Mutter Marias *für mich selbst*? Was habe *ich persönlich* für einen Bezug zu diesem Symbol?

Merke!

Normalerweise hat die erste Information, die du bekommst, allerdings mit den *bewussten* Glaubenssätzen des Empfängers zu tun. Kulturell andersartige Motive, die ihm vielleicht sogar selbst unbewusst sind, etwa aus der Ahnenlinie oder seiner frühen Umwelt, erscheinen tendenziell später und eher im Hintergrund.

Ich will nun einige Beispiele aus meiner eigenen Praxis geben, damit klarer wird, wann und wie durchmischte Symboliken auftreten können.

In Montreal, Kanada, leite ich einen Spirit Circle. Dazu gehört eine Frau, deren Mutter Griechin, der Vater entweder Pole oder Ukrainer und der Großvater Ire ist. In den Bildern, die ich erhielt, war die Frau von unterschiedlichsten religiösen Symbolen umgeben, dabei auch solchen, die sie gar nicht selbst kannte, weil sie in Montreal aufgewachsen war und sich mit der dortigen Lebenswelt identifizierte.

Noch deutlicher zeigte sich eine interkulturelle Verbindung zur Ahnenlinie bei einem anderen Mitglied dieses Kreises. Er arbeitet in einem Bestattungsinstitut und will etwas über Medialität lernen, weil viele Menschen, für die er arbeitet, sich Gedanken darum machen, ob sie mit ihren Verstorbenen sprechen können. Er selbst ist allerdings Atheist.

Bei der Lesung sah ich gleich am Anfang seine Mutter, im Hintergrund tauchten aber auch Statuen von Maria und

Jesus auf. Ich sagte: Noch weiß ich nicht, warum, aber du scheinst eine starke Verbindung zu Mutter Maria zu haben. Er blieb skeptisch. Aber dann geschah es: Eine Sizilianerin und strenge Katholikin trat in Erscheinung. Es war seine Großmutter. Und sie fing an, mit ihm zu schimpfen! Das machte auch für ihn Sinn. Er wirkte getröstet, weil er, der jeden Tag mit dem Tod anderer Menschen zu tun hatte, sich nun auch als Atheist durch die mütterliche Energie der Maria beschützt sah.

Ein weiteres Beispiel handelt ebenfalls von einem kanadischen Mann. Als Augenarzt ist er akademisch gebildet, von der Mentalität her ausgesprochen vernunftbetont. Am Anfang der Lesung erhielt ich ein mir zunächst rätselhaft erscheinendes Bild: Er saß auf einem großen Elefanten, flankiert durch eine Anzahl indischer Gottheiten. Als ich dies berichtete, lachte er spontan auf. Es erinnere ihn an Sri Lanka, wo er, der Sohn eines Diplomaten, als Kind war. Obwohl er es schon vergessen, ja eigentlich nie für möglich gehalten hatte, spielen die Gewohnheiten und Symbole jener Kultur, in der er groß geworden war, immer noch eine Rolle für ihn.

Herauszufinden, welche Spur interkulturelle Einflüsse in einer Seele hinterlassen, wird in Zukunft eine immer wichtigere Rolle in der Medialität spielen. Im letzten beschriebenen Fall schien die Dringlichkeit sogar besonders groß zu sein, da sich entsprechende Bilder gleich am Anfang aufdrängten. Womöglich deshalb, um zu bewirken, dass die Person diesen Teil ihres Innenlebens endlich zur Kenntnis nehmen sollte.

Also bitte nicht abtun, was in ähnlicher Weise zunächst als unpassend oder gar schräg erscheinen mag. Lass dich von deinen Augen nicht täuschen! Vertraue auf deine innere

Wahrnehmung! Wie gesagt: Für die Geistige Welt gibt es kein Entweder/Oder. Es ist stets ein *Und*.

Übung

DIE AHNEN EINLADEN

Wir brauchen drei Stühle, die nebeneinandergestellt werden, oder ein Sofa. Person A ist hier Empfänger, B Übermittler. Beide treten zur Seite und fokussieren sich auf die Sitzgelegenheit.

Person A denkt an mindestens fünf verstorbene Verwandte oder Freunde, die sie zu Lebzeiten kannte, und wird diese bitten, zusammen oder nacheinander auf den Stühlen Platz zu nehmen. Es wird NICHT darum gebeten, bestimmte Stühle zu besetzen. Einfach nur darum, sich hinzusetzen, vielleicht eine Tasse Tee zu trinken und ein Gespräch anzufangen. Person B wird versuchen, sich mit diesen Gästen zu verbinden, die nun Platz nehmen werden.

B fokussiert zunächst die Säule weißen Lichtes, geht dann mit dem Bewusstsein auf den Solarplexus und breitet diesen aus bis zu den Stühlen oder bis zur Couch. Dann lässt er sein Bewusstsein über die Stühle gleiten, wie ein Scanner ein Blatt Papier absucht. Sobald dort eine Präsenz gesehen, gefühlt oder gewusst wird, beginnt die Übermittlung.

Hier geht es nicht darum, zu sagen, wo jemand sitzt. Ebenso wenig darum, wie er oder sie zum Empfänger gestanden hat. Sondern einfach nur darum, diesem gültige Beweise zu überliefern, selbst darüber zu befinden, wer es ist. Denkt daran, dass etwas erst sehr generell beschrieben werden kann, um dann via Feedback zu Besonderheiten zu gelangen. Manchmal wird die Nachricht erst sein, dass da jemand sitzt. Oder dass es (noch) keine Nachricht gibt, weil etwas dazwischen steht? Es kann ja auch sein, dass nicht jedes der eingeladenen Wesen kommen will.

An dieser Stelle nochmals ein Hinweis, der eigentlich bei jeder Übung gilt:

Es sollte nicht sein, dass der Überbringer sehr viele Informationen auf einmal übermittelt, schon gar nicht sollte er unaufhörlich reden, ohne spontanen, lebhaften Kommentar des Empfängers. Sonst kann der Übermittler gedanklich sehr leicht weggetragen werden. Er sollte kurze Sätze machen, sodass der Empfänger leicht einhaken kann. Auf keinen Fall sollte Letzterer aber eine Nachricht unterbrechen, um etwas zu korrigieren! Auch wäre es sinnvoller, danach zu fragen, wie etwas gemeint ist, als danach, ob damit die eigene Großmutter gemeint sein könnte.

Mit einem Wort: Das Medium soll Informationen aus der Geistigen Welt »herunterladen« – es sollte niemals gegängelt werden. Da würde die Geistige Welt auch von vornherein nicht mitmachen. Ständiges und lebhaftes Feedback soll in die Tiefe führen, nicht mehr und nicht weniger.

Vielfach benötigt der Empfänger auch mehr Zeit und weitere Anhaltspunkte, um im Nachhinein etwas, das schon gesagt worden ist, doch noch zu entschlüsseln.

»Nahtoderfahrungen«

Zum Abschluss wollen wir nochmals über Nahtoderfahrungen sprechen. Denn so manches, was dazugehört, trifft auch auf die Medialität zu. Wer nicht an die Tatsache der Medialität glaubt, sagt sich in der Regel: Es gibt doch gar keine Möglichkeit, herauszufinden, ob es ein Leben nach dem Leben gibt, weil von der anderen Seite ja noch niemand zurückgekehrt ist. Aber das stimmt nicht! Seit den Sechzigerjahren, als es einen großen Entwicklungssprung in der Reanimationsmedizin gab, wurden Abertausende Menschen tatsächlich wieder ins Leben zurückgeholt.

Anstatt von »Nahtoderfahrung« zu sprechen, sollte man also eigentlich von Sterbenserfahrung sprechen, weil diese Menschen ja gestorben und wieder zurückgekommen sind. Wenn die Seele den Körper verlassen hat, gibt es auch danach zunächst noch eine feinstoffliche Verbindung zum Körper, die sogenannte Silberschnur. Sie wird dünner und dünner und dünner, bis sie letztendlich reißt. Sobald dies der Fall ist, bleiben Seele und Körper für immer getrennt.

Solange die Silberschnur aber ununterbrochen ist, so lange – und nur so lange – besteht auch die Möglichkeit, dass jemand »von den Toten wiederaufersteht«. Das ist der Grund, warum wir in der Lage sind, einige Menschen zu reanimieren, andere aber nicht.

»NAHTODERFAHRUNG« = STERBENS-ERFAHRUNG MIT RÜCKKEHR INS LEBEN

- Es sind Erlebnisse, bei denen der Mensch physisch tot war und dann ins Leben zurückgekehrt ist.
- Sie werden durch lebensbedrohliche Episoden ausgelöst, beispielsweise Herzinfarkt, Schock oder äußere Verletzung.
- Ungewöhnliche Gemeinsamkeiten zeichnen sie aus: Die Menschen spüren keine Schmerzen mehr, sehen ein helles Licht am Ende eines Tunnels.
- Das Bewusstsein löst sich vom Körper. Es kann erst noch am Ort des auslösenden Ereignisses verweilen, über ihm schweben oder sogar ins All fliegen.
- Die Erfahrung wird in aller Regel nicht als angstauslösend, sondern als glückselig empfunden.

Eine Erfahrung von dieser Art verändert den Menschen. Ein großer Prozentsatz kehrt mit gesteigerter Sensibilität ins Leben zurück, nicht selten sogar mit übersinnlichen Gaben. Diese bleiben in der Regel zwei bis drei Jahre lang erhalten und sind von erstaunlicher Klarheit. Bei manchen bleiben sie für immer, und einige werden sogar professionelle Medien.

Wer seinen bereits gestorbenen Körper verlassen hatte und wieder reanimiert wurde, der weiß, was auch Medien erfahren: Unser Bewusstsein ist keineswegs ans Gehirn gebunden. Es lebt demzufolge auch nach dem Tod weiter.

ANHANG

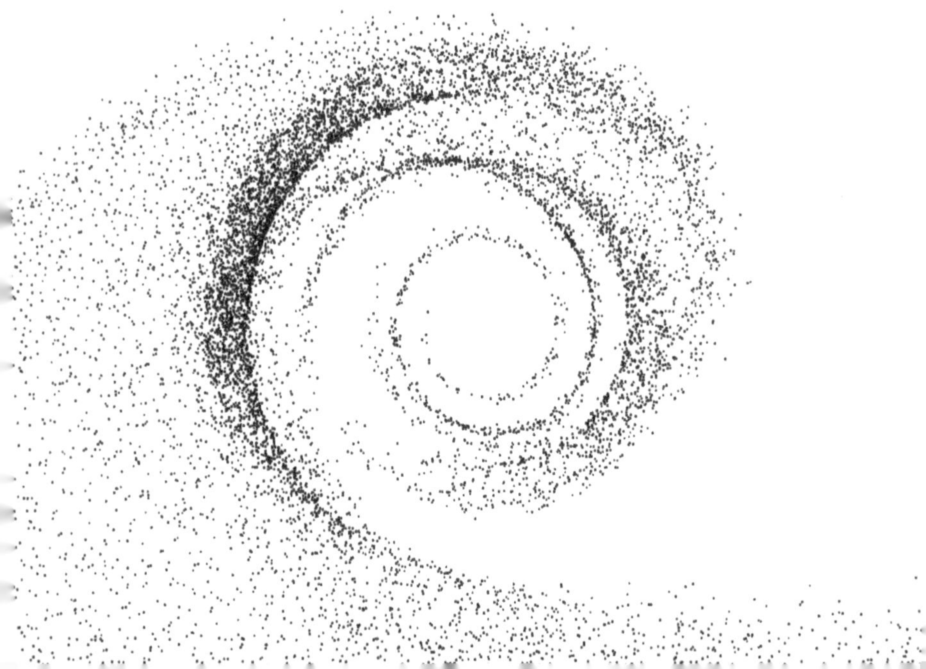

Solo-Übungen

Das Ziel aller Übungen ist es, die eigenen medialen Gaben, die Geistige Welt – und damit auch sich selbst – besser kennenzulernen.

Wie gesagt: Es ist absolut empfehlenswert, mit jemandem zusammen zu üben. Konstruktives Feedback unterstützt die Motivation. Es hilft, die eigenen Fähigkeiten zu verbessern und zu vertiefen: nicht zuletzt auch dabei, deine aktuellen Grenzen zu erkennen und auch anzuerkennen. Manche Notwendigkeit wird womöglich zudem leichter akzeptiert, wenn du verschiedene Ansätze und Variablen kennenlernst. Andererseits ist es immer auch wichtig, allein zu üben. Für den einen und die andere von uns liegt darin sogar einer der Schlüssel, um die Welt der Medialität zu erforschen und ihre Geheimnisse zu ergründen. Alleiniges Üben muss also keine Notlösung sein. Vielleicht fällt es dir dann zunächst sogar leichter, deine Komfortzone zu überwinden, weil du dich frei und unbefangen fühlen kannst.

In Gemeinsamkeit zu praktizieren ist indes immer möglich, wenn du den Kontakt nutzt, der im Anhang angeboten wird.

Wie aus den nun folgenden Empfehlungen für Solo-Übungen ersichtlich, solltest du dich dabei unterstützen, dir über deine jeweilige Absicht hundertprozentig im Klaren sein. Das heißt, sie vor Beginn klar und deutlich festzulegen.

Unsere Drei-Wege-Verbindung wird für einzeln übende Personen um ein paar wichtige Schritte ergänzt.

- Setze deine Absicht fest.
- Nimm dir fünf Minuten Zeit, um dich zu entspannen und/oder zu meditieren.
- Visualisiere die Säule aus weißem Licht, die hinter deinem Nacken nach oben führt.
- Öffne dein Herz-Chakra.
- Erweitere deinen Solarplexus.
- Gehe spielerisch mit allem um, ohne Erwartungen. Erlaube den Informationen, auf natürliche Weise zu dir zu kommen, ohne dass du urteilst. Lass es zu, wie es kommt, nimm es einfach an.
- Schreibe nach Möglichkeit jede Information auf, die zu dir kommt. Auch wenn du einen noch so kleinen Schritt gemacht hast.
- Vergiss nicht, dass du an dir selbst arbeitest! Das ist ein langer Prozess. Ein ganzes Leben lang …

ERLÄUTERUNGEN ZU DEN EINZELNEN SOLO-ÜBUNGEN

Zur *Einführung* in diese Art der Übungspraxis kannst du einen einen ganz normalen Spielkartensatz verwenden. Lege ein Ass beiseite und wähle vier weitere Karten aus. Lege alle fünf verdeckt hin, mische sie und halte inne. Schaue sie an, verbinde dich mit deinem Solarplexus und öffne ihn. Dehne ihn in Richtung der Karten aus. Spüre eine Karte nach der anderen. Fühle sie so, dass du auf das Ass zielst. Frage dich: Welche Karte ist das Ass? Spüre es in deinem Bauch! Lass dich von diesem Gefühl leiten. Dann drehst du die Karte um und wirst sehen, ob du richtig lagst.

Eine andere Variante ist, alle Karten so zu wählen, dass das Ass als Letztes umgedreht wird.

Sobald deine Ergebnisse besser werden, füge Schritt für Schritt weitere Karten hinzu. Erst eine, dann zwei, später drei ... aber immer nur ein einziges Ass behalten. Wiederhole den Vorgang so oft wie möglich, um dein Talent zu entwickeln.

Wenn du es so weit beherrschst, dass du befriedigend mit mindestens 12 Karten arbeiten kannst, füge ein oder zwei weitere Asse hinzu. Richte bei der Auswahl deine Aufmerksamkeit jetzt auf ein bestimmtes Ass. Das wird deine Gabe spürbar verfeinern und schärfen. Mach die Übung einige paar Wochen lang.

Denke daran, dass es sich nicht um einen Sprint, sondern um einen Marathon handelt!

Die ***Übung im dunklen Zimmer*** kann so variiert werden, dass sie dich zu deinem hauptsächlichen Clair führt, weil sie zum Sprungbrett für die Entwicklung deiner speziellen hellsichtigen Gabe werden kann.

Konzentriere dich in völliger Dunkelheit auf eine Wand, ein Regal oder einen Bereich deines Hauses. Dehne deinen Solarplexus aus und versuche, die Oberfläche mit diesem Chakra zu »berühren«. Nach einer Weile versuchst du, mit deinem Dritten Auge zu sehen.

Es spielt keine Rolle, ob du glaubst, dass du siehst, weil du weißt, wie es ist. Oder ob du gar nichts siehst, dafür aber etwas auf andere Art und Weise erfährst.

DEINE ERSTE VERBINDUNG

Besorge dir eine Menge gleichartiger Briefumschläge. Sie sollten kein Fenster haben und vollkommen undurchsichtig sein. Lege Bilder oder Zettel mit Namen berühmter Verstorbener hinein, und erstelle eine Liste mit persönlichen Fragen wie:

- Fühlt sich's an wie ein Mann oder wie eine Frau?
- Wofür war die Person bekannt?
- Hat sie sich auf eine bestimmte Weise gekleidet?
- Welche Frisur hatte sie?

Du kannst die Liste mit allen Fragen ausstatten, die für dich das Markante an einer großen Persönlichkeit darstellen. Hauptsache, sie erfordern klare, objektive Antworten. Halte die Liste bereit, wenn du übst.

Nachdem du die Drei-Wege-Verbindung hergestellt hast, nimmst du einen Umschlag in die Hand. Versuche, deinen Solarplexus in Richtung des Umschlags auszudehnen und so die innere Wahrnehmung zu öffnen. Wird eine der Fragen auf deiner Liste beantwortet? Dann schreibe es auf.

Da du bereits weißt, welche berühmten Personen an der Übung teilnehmen, wird dein Gehirn dich mit mehreren

Möglichkeiten bombardieren. Höre nicht darauf! Ignoriere alle Phrasen, Namen oder Antworten, die dir einfallen. Das Ziel der Übung ist es, durch die Clairs Schritt für Schritt-Informationen zu erhalten. Ganz so, wie wenn wir ein Puzzle zusammensetzen. **Versuche nicht zu erraten, wer es ist.** Das ist nicht unser Ziel, sondern vielmehr, wichtige Informationen über das öffentliche und private Leben der betreffenden Person zu erhalten. Das heißt, indem wir lernen, unseren Geist so auszurichten, dass wir Reize per Intuition empfangen. Deshalb macht es keinen Sinn, mit dem Verstand zu raten.

Kerzenlicht als Informationsträger (1)

Fasse eine klare Absicht, von wem oder was du an Informationen erhalten möchtest. Wenn es sich um eine lebende Person handelt, solltest du zuerst ihre Erlaubnis einholen. Schaue tief in den blauen Teil der Flamme, dehne deinen Solarplexus aus und fühle/spüre/höre, was kommen mag. Lege deine ganze Bewusstseinsenergie dort hinein, und lass die Information zu dir kommen.

- → Nichts vermuten! Nicht raten! Nicht urteilen!
- → Öffne dich. Gehe der Information entgegen, sie wartet auf dich.
- → Verwende deine Frageliste.

Kerzenlicht als Informationsträger (2)

Du kannst diese Übung offen gestalten und abwarten, welches geistige Wesen erscheinen will, oder mit dem Ziel, eine bestimmte Person in der Geistigen Welt herbeizurufen.

Du brauchst einen Spiegel, der so groß ist, dass du dich selbst relativ großflächig sehen kannst, wenn du die Kerze in die Mitte zwischen ihn und dich selbst stellst. Zünde die Kerze an und aktiviere deinen Solarplexus. Schaue diesmal so in den Spiegel, dass dein Blick an dem blauen Licht vorbei oder hindurch geht und auf dem Spiegel endet.

Zunächst wirst du nur dein Ebenbild sehen, doch allmählich wird jemand anders erscheinen. Schaue unverwandt mit »weitem Blick« in den Spiegel. Sobald die Augen ermüden, lass sie nur ein wenig ruhen, um dann gleich wieder in den Flow zu finden.

Wasser als Informationsträger

Wir wählen wieder vorab ein Thema aus und setzen eine klare Absicht fest. Es kann um Informationen über die Zukunft gehen, zum Beispiel meinen bevorstehenden Urlaub. Oder darum, zu erfahren, wie eine Person, an der mir etwas liegt, sich gerade fühlt. Oder die wahren Absichten einer Person zu erfahren. Das kann dann durchaus auch jemand auf der anderen Seite sein. Im Prinzip gehst du genau so vor, wie beschrieben.

Eine interessante Einzelübung mit Wasser geht so: Nimm eine kristallklare Schale und fülle sie bis zur Hälfte mit Wasser. Bevor du beginnst, rufe deine Geistführer oder deine Engel, also wirklich hochenergetische Wesen, an. Stell die Drei-Wege-Verbindung her, öffnen deinen Solarplexus, dehne ihn aus und schaue in die Schale. Es empfiehlt sich, die Lichter abzuschalten und für indirekte Beleuchtung zu sorgen (jedenfalls nicht zu hell). Sei bereit, nicht nur zu sehen, sondern auch zu fühlen/spüren/innerlich zu wissen. Die Informationen können auch zu einem späteren Zeitpunkt zu dir kommen.

Eine weitere Variante mithilfe von Wasser geht so: Geh in einer sternklaren Nacht hinaus ins Freie, dorthin, wo kein künstliches Licht stört. Beschaue die Spiegelung der Himmelskörper auf irgendeiner Wasserfläche.

Auch die ***offene Lesung mit dem Spiegel*** eignet sich für die Einzelübung, indem wir vorher ein Thema wählen und unsere Absichten klar darauf fokussieren.

Bei den Übungen ***Reisen mit Spirit*** und ***Die Ahnen einladen*** ist zwar keine Solo-Version möglich, um deine Gaben zielvoll zu entwickeln, es ist aber sehr wohl möglich, dieselbe Symbolik in einer Meditation zu verwenden. Geh in eine tiefe Entspannung und zeige dich offen für das Ergebnis. Und bedenke: Auch wenn das Ergebnis zunächst nicht so ausfällt, wie du es dir idealerweise wünschst – es ist die Übung, die den Meister und die Meisterin macht!

LeserInnen-Service

Für Kontakte zur Ermöglichung der empfohlenen Partnerübungen bietet der Frankfurter Ring, als exklusiver Veranstalter der deutschsprachigen Kurse des Autors, dir seine tätige Hilfe an. Bitte wende dich per Mail an: mikel@frankfurter-ring-de.

Und um dich über das Kursangebot des Autors zu informieren: https://frankfurter-ring.de/referenten/mikel-lizarralde/

ÜBER DEN AUTOR

Mikel Lizarralde stammt aus einer alten Familie im Baskenland (Nordspanien), das für seine mystischen Traditionen berühmt ist. Schon in der Kindheit hatte er Kontakt mit der Geistigen Welt. Unter anderem am renommierten *Arthur Findlay College* in England vervollkommnete er sein herausragendes Talent für die Medialität. Zudem ist er examinierter Psychologie (B.A.).

Heute ist Mikel ein weltweit gefragtes Medium. In Nord- und Südamerika sowie Europa leitet er auch Kurse für Menschen, die ihre eigenen medialen Gaben entwickeln wollen. »Jeder von uns hat diese Gabe«, weiß er, »es ist im Grunde eine Frage des Wollens und persönlicher Übung, ob man selbst medialer Botschafter sein kann.«

Mikel hat seine Lebensaufgabe mit hoher Ethik und Verantwortung angenommen: »Mediale Botschaften der Geistigen Welt zu übermitteln, ist etwas ganz anderes, als irgendeine Form von Wahrsagerei zu praktizieren. Unser Ziel ist, eine Verbindung zwischen einem Menschen und dessen verstorbenen Lieben herzustellen, um für beide Seiten Frieden und Herzensruhe zu ermöglichen.«